Poinz

Staat oder Nationalitat?

Eine österreichische Studie

Poinz

Staat oder Nationalitat?

Eine österreichische Studie

ISBN/EAN: 9783743410992

Hergestellt in Europa, USA, Kanada, Australien, Japan

Cover: Foto ©ninafisch / pixelio.de

Manufactured and distributed by brebook publishing software (www.brebook.com)

Poinz

Staat oder Nationalitat?

Staat

oder

Nationalität

Eine österreichische Studie

von

Poinz.

—⚬≡⚬—

Leipzig
Verlag von Otto Wigand.
1867.

Inhalt.

	Seite
Die Nationalität	1
Der Staat	2
Staat und Nationalität	3
Entnationalisirung	4
Germanisirung	26
Das Princip der Nationalität	33
Schmerling und die Februarverfassung	34
Die Autonomisten und Ungarn	38
Siebenbürgen	43
Staat oder Nationalität	48

Die Nationalität.

Die ersten bildenden Eindrücke beim Eintritt ins Leben empfangen wir von unserer Umgebung. Die Sprache, die man zu uns spricht, tönt zuerst unserem Gehör. Da die Mutter am öftersten zu uns spricht, so nennen wir sie die Muttersprache. Sie ist allen Jenen gemeinsam, deren Mütter dieselbe Sprache reden. Die Gemeinschaft der uranfänglichen Bildung der Einzelnen zum geselligen Leben kennzeichnet die Sprache; sie ist das Mittel zu ihrem Verkehr miteinander; die gleiche Sprache führt die gleich Sprechenden zur Gesellschaft.

Es ist nur Recht, wenn wir an der Muttersprache festhalten und dieselbe pflegen; denn ihr danken wir die ersten Anflüge der Bildung; sie gewährt uns die Vortheile, welche uns aus dem Verkehr mit den Gleichsprechenden erwachsen. Glücklich Diejenigen, in deren Muttersprache viele große Männer geredet und geschrieben haben, und auch in der Gegenwart reden und schreiben. Ihrer Pietät für die Muttersprache kann sich der Stolz anschließen, einer Sprachgesellschaft anzugehören, auf welche die ganze gebildete Welt hört.

Die in der gleichen Sprache miteinander Sprechenden nehmen, weniger durch die gleiche Sprache, als vielmehr durch das Zusammenleben mehr oder weniger die gleichen Sitten und Gewohnheiten an.

So kann man denn J. v. Türckheim*) zustimmen, wenn er die Nationalität dahin definirt:

„Es ist die Gemeinschaft der Sprache, der auf
„dieselbe gegründeten Cultur, und ihrer eigen=
„thümlichen Richtung, der Sitten und Gewohn=
„heiten, wodurch eine Masse von Menschen zur

---

*) Betrachtungen auf dem Gebiet der Verfassungs= und Staatenpolitik 1842. — Staat oder Nationalität.

„Erreichung der Zwecke des Gesellschaftszustandes
„übereinstimmend befähigt, unter sich verbunden,
„und von anderen abgeschieden ist."

Der Staat.

Es zweifelt Niemand daran: es sei unmöglich für den Einzelnen, nur auf seine individuellen Kräfte beschränkt, die Zwecke seines Daseins zu erreichen. Dies kann nur in der Gemeinschaft der Menschen geschehen. Die menschliche Gemeinschaft arbeitet für den Einzelnen, der Einzelne für sie und sich. Der Grund dieser Thätigkeiten ist das Interesse. „Um seines Interesses willen muß der Einzelne sein „Einzelinteresse opfern für das Ganze; und um ihres Interesses „willen muß die Gemeinschaft für den Einzelnen Anstrengungen „machen"*).

Das Organ dafür ist der Staat mit seiner obersten Gewalt über allem Volke, „der einzige Träger der Gesammtinteressen und zugleich der Einzelinteressen", mit seiner Verwaltung, d. h. „mit seiner Thätigkeit, durch welche er die Gesammtinteressen vermittelst der Aufbietung und Ordnung der Kräfte der Gesammtheit verwirklicht" und mit seiner Verfassung, als „derjenigen Ordnung des Willens der Staatsgewalt, vermittelst deren er diese Thätigkeit ausübt".

Man nimmt an, daß durch die Action des Staates das Recht, die Wohlfahrt und die Bildung unter dem Volke einheimisch gemacht, erhalten und vervollkommnet werden.

Es sind dies Zwecke von so hoher Bedeutung, daß demselben im Irdischen kaum wichtigere an die Seite gesetzt werden können.

Was der Erreichung dieser Zwecke frommt, das muß von Staatswegen unterstützt werden; was der Erreichung dieser Zwecke abträglich sein kann, das muß von Staatswegen bekämpft werden.

---

*) Jahrbuch für Gesetzkunde und Statistik. Wien 1862; Seite 8 u. f. —

Staat und Nationalität.

Die **Nationalität** kann wohl nach Umständen der Erreichung der Zwecke des **Staates** förderlich sein. Die in Gemeinschaft der Sprache stehenden Staatsangehörigen haben ein leichteres Verständniß für die Thätigkeit des Staates, „durch welche er die Gesammtinteressen vermittelst der Aufbietung und Ordnung der Kräfte der Gesammtheit verwirklicht."

Aber die Menschen sind wohl auch ohne Rücksicht auf Gleichartigkeit oder nur nach einer topographischen Abrundung des gegebenen Raumes zum Staate verbunden.

Es gibt Staaten, deren Genossen von verschiedener Nationalität sind.

Die Pflege der Nationalität mag immerhin als eine Bemühung der **Nation** mit Interesse wahrgenommen werden; eine Aufgabe, ein **Zweck des Staates ist sie nicht**.

Ja, der Cultus der Nationalität kann der Erreichung der Staatszwecke sogar abträglich werden.

Wo in dem Volke eines Staates mehrere **Nationen** inbegriffen sind; wo dieselben sich nicht damit begnügen, der Pflege ihrer Sprachen im Hause und in den **von ihnen selbst geschaffenen Anstalten** zu obliegen; wo sie die Attribute des Staates für sich in Anspruch nehmen; wo sie die Zwecke des **Staates für nationale** Zwecke erklären; wo sie **Staaten im Staate** errichten wollen, da geht, wenn dem nicht gesteuert wird, die Möglichkeit der Einheit in der Action des Staates verloren; da zersplittert sich die volle Kraft desselben, die auf die Erreichung der Staatszwecke gerichtet sein sollte, in tausenderlei Rücksichten für diese und jene Nationalität und über der vergeblichen Bemühung den zahllosen Ambitionen der Nationalitäten zu genügen, leidet der Rechtszustand, nimmt der Wohlstand ab und die Bildung wird die **Dienerin** der Nationalität; den Nationalitäten zuliebe findet häufig eine Umkehr in der Bildung statt.

Dies ist dermalen das traurige Schicksal des Staates **Oesterreich.**

Entnationalisirung.

Die Nationen kommen und gehen. Sie sterben aus; oder der Sieger drückt dem Besiegten den Stempel seiner Nationalität auf, wie dies Rußland eben gegenüber Polen thut (während Oesterreich zur selben Zeit dem unzuverlässigen polnischen Elemente Avancen macht); oder es ist wohl auch vorgekommen, daß Besiegte den Siegern ihre Nationalität assimilirt haben; so herrschten am Schluße des achten Jahrhunderts in Oberitalien die Longobarden über zahlreiche Walchen (römische Provincialen), deren Character sie selbst sich allmälig aneigneten.

So viel ist sicher, daß große, lebensfähige Staaten die Nationalitäten in staatlichen Dingen niemals das große Wort führen ließen. England wird durch die Schotten und Iren*) in seiner Staatsaction nicht behindert. Preußen ist mit seinen polnischen Elementen so ziemlich fertig geworden. Die Elsäßer sind französisirt. Und in dem freiesten Staate der Welt, in den Nordamericanischen Freistaaten mit ihren zusammengewürfelten Bevölkerungsbestandtheilen ist die anglo-americanische Sprache unbestritten die Staatssprache.

Ja, es geschieht, daß Nationen, die erst Staaten werden wollen, und in deren Umkreis sich ebenfalls zahlreiche Andersprechende befinden, schon jetzt daran denken, und mit Energie daran arbeiten, ihrem Idiom zur Herrschaft zu verhelfen.

So haben sich in Ungarn (ohne Siebenbürgen) 3½ Millionen Magyaren die Aufgabe gestellt, ihre Nationalität gegen mehr als fünf Millionen Einwohner andern Stammes als die alleinherrschende geltend zu machen. Durch ihre Beharrlichkeit, ihren hochfahrenden Character und das traditionelle Gewicht ihrer von Arpad abgeleiteten Landesherrschaft, ja auch durch Gewalt — wenn die Macht zu ihren Händen ist — wissen sie es durchzusetzen, daß die weniger feurige und enthusiastische, aber tüchtige und zähe slavische Mehrzahl, und die mehr als Colonisten zerstreuten und in nationaler Beziehung weniger zusammenhaltenden Deutschen, welche ihnen aber die Cultur brachten, und noch jetzt vorzugsweise die Träger derselben sind, so wie die zahlreichen Romanen sich diesem Anspruche meist fügen.

---

*) Die Fenier werden dies nur thun, wenn sie Vorposten der Americaner sein sollten.

Sollte Jemand Zweifel daran hegen, daß auch **Gewalt als Mittel der Magyarisirung** angewendet worden, so möge nachfolgendes amtliches Actenstück den Beleg dafür abgeben:

No. 3366 / M. C. G. 1849.

Kundmachung.

Im Laufe des verflossenen und des gegenwärtigen Jahres haben eben so, wie in Ungarn, auch diesem Großfürstenthum häufig Namensveränderungen stattgefunden, ohne daß darüber die vorschriftsmäßige allerhöchste Genehmigung eingeholt worden ist. **Es sind sogar Fälle vorgekommen, daß solche Namensveränderungen einzelnen Personen gegen ihren Willen aufgedrungen wurden.** Um nun diese Angelegenheit in das gesetzliche Geleise zurückzuführen, die dadurch beirrten Familienverhältnisse und Privatrechte sicher zu stellen, und auch den Betheiligten die Gelegenheit zu bieten, sich des vorerwähnten, ihnen auferlegten Zwanges ungesäumt entledigen zu können, wird in Conformität der in Ungarn einverständlich mit dem k. k. Ministerium des Innern erflossenen Maßregeln auch für dieses Großfürstenthum verordnet:

Erstens. Alle vom Beginne der Verwaltung des aufgelösten ungarischen Ministeriums ohne ausdrückliche allerhöchste Bewilligung vorgekommenen Namensveränderungen werden hiemit als nicht geschehen und außer Wirksamkeit erklärt; die Behörden haben in amtlichen Ausfertigungen an Personen, die sich in diesem Falle befinden, sich der wirklichen Familien-Namen der Parteien zu bedienen.

Zweitens. In Zukunft sind alle Gesuche um Bewilligung zu Namensveränderungen im Wege der politischen Behörden mit den Behelfen, die nach den früheren Vorschriften erforderlich waren, bei dem k. k. Ministerium des Innern anzubringen.

Hermannstadt, den 15. December 1849.

Der k. k. Civil- und Militär-Gouverneur im Großfürstenthume Siebenbürgen, Feldmarschall-Lieutenant **Ludwig Freiherr von Wohlgemuth.**

* * *

Um aber zur Anschauung zu bringen, wie eifrig in der kurzen Zeit des magyarischen Ministeriums im Jahre 1848 und in den ersten Monaten des Jahres 1849 die Magyarisirung — wenn auch nicht der Gemüther und der Zungen — so doch der Namen betrieben wurde, mögen hier die diesfälligen officiellen Verzeichnisse ihren Platz finden.

Verzeichniß jener Zunamen,

welche unter dem Ministerio*) verändert wurden, und zwar Anno 1848.

Früherer Name.	Geänderter Name.
Luczenbacher, Johann.	Érdi.
Apfeltaller, Ignatz.	Almásy.
Pretsch, Ludwig.	Pernyei.
Král, Michael.	Király.
Strasser, Friedrich.	Utassi.
Soles, Samuel, Paul und Ladislaus.	Solmosi.
Bittner, Emerich.	Kéri.
Jeiteles, Leopold.	Jettelfi.
Schwarzmayer, Carl.	Fekete.
Korin, Carl.	Kornay.
Kralitz, Stephan.	Öri.
Weirelbaum, Johann.	Megyessy.
Urbauer, Ludwig.	Delényi.
Müller, Joseph.	Malmay.
Braunhofer, Joseph.	Reményi.
Heizmann, Hugo.	Ligeti.
Bierbrauer, Carl.	Serédy.
Staudner, Carl.	Bokory.
Budzát, Alexander.	Biroday.
Kudela, Johann.	Lendvay.
Gebrüder Schwab.	Sóváry.
Pritz, Michael.	Angyalos.
Ellenbogen, Franz.	Könyöky.

*) Natürlich dem magyarischen.

Früherer Name.	Geänderter Name.
Schröder, Jacob.	Varsai.
Schwarz, Johann und Anton.	Fekete.
Hirschfeld, Philipp.	Erdey.
Hampel, Joseph und Nicolaus.	Táray.
Winkler, Emerich.	Radványi.
Michl, Eduard.	Mihályi.
Cancrini, Michael.	Rákosy.
Zaunschirm, Ladislaus.	Ernyősi.
Schmidt, Stephan.	Kovács.
Deutsch, Adolph und Wolfgang.	Dőry.
Kruslitz, Georg.	Megyessy.
Buchberger, Stephan.	Könyvhegyi.
Weinberger, Elias.	Borhegyi.
Bach, Alexander.	Pataky.
Wavra, Johann.	Váray.
Hoffer, Ludwig.	Rémy.
Ottmayer, Joseph.	Ottmárffy.
Kreuschl, Samuel.	Gárdai.
Oeconom Raum.	Gazda.
Jakob, Franz.	Letényi.
Gärtner, Stanislaus.	Kökényesi.
Schneidt, Ferdinand.	Éless.
Schumayer, Joseph.	Szilányi.
Kasselik, Jodochus, jun.	Kaszay.
Füchsel, Nicolaus.	Rokásy.
Petsovits, Stephan.	Tetényi.
Großschmidt, Johann.	Márai.
Micheller, Joseph.	Mihályfi.
Schivalek, Franz.	Hangosy.
Aron, Peter.	Aranyosy.
Czimbola, Matthias.	Hagymásy.
Gombarovits, Michaël.	Gombosy.
Stettner, Ludwig.	Zádor.
Mausburger, Johann.	Egervári.
Krenoss, Friedrich.	Tormásy v. Tormay.
Walter, Carl.	Erdőssy.

Früherer Name.	Geänderter Name.
Sutter, Franz.	Szendey.
Göttmann, Eduard.	Hunyady Delmár.
Klatscher, Marcus.	Kálosi.
Hinterberger, Anton.	Háthegyi.
Steger, Johann.	Pallay.
Neupauer, Johann.	Földi.
Barbolovits, Franz.	Barlai.
Deutsch, Peter und Franz.	Tanfy.
Schnierer, Franz.	Bérczváry.
Holzer, Joseph.	Fájy.
Klein, Franz.	Kiss.
Popovits, Ignatz.	Papfy.
Levi, Jacob.	Lányi.
Gerometa, Anton.	Gyéri.
Rindfleisch, Johann.	Radányi.
Jakubovits, Paul, Samuel u. f. w.	Kemény.
Quirinyi, Joseph.	Romfy.
Gyurkovits, Emerich.	Györgyfi.
Csehmann, Joseph.	Csehfy.
Liebner, Ludwig.	Kedvesy.
Schedl, Jacob.	Szalkai.
Reich, Anton.	Országi.
Rajter, Johann.	Lovay.
Knecht, Franz.	Szolgay.
Weber, Samuel.	Szövényi.
Rosenzweig, Siegmund.	Rozsaági.
Spitzer, Samuel.	Hegyváry.
Niegreisz, Franz.	Barnafi.
Mislivetz, Johann.	Vadászfy.
Kimmerl, Marzell.	Kiméli.
Hubert, Alexander und Michael.	Hubafy.
Waltersdorfer, Stephan und Carl.	Csellei.
Stein, Johann.	Kővy.
Nyisnyanski, Johann.	Dalnoky.
Winterhalter, Jacob.	Téli.
Latzelsberger, Joseph.	Latzhegyi.

Früherer Name.	Geänderter Name.
Schmidt, Michael.	Kovácsi.
Lichtenegger, Vincenz.	Fényhalmi.
De Adda, Johann.	Addai.
Pruckberger, Joseph.	Hidvári.
Scheichenstuhl, Joseph.	Széki.
Koffler, Philipp.	Korányi.
Serwirth, Franz.	Szirti.
Kamerath, Johann.	Karay.
Hlavaty, Ludwig.	Fejesy.
Spányi, Anton.	. . .
Nyikita, Lorenz.	Nyéky.
Auinger, Ludwig.	Ligetváry.
Entner, Vincenz und Ernst.	Ery.
Rauch, Joseph.	Füsty.
Hora, Ludwig.	Perczei.
Deville, Johann.	Várhegyi.
Tatzmann, Carl.	Tarnay.
Rosenzweig, Joseph.	Agai.
Spieß, Johann.	Töry.
Färber, Joseph.	Szinyey.
Fromm, Carl.	Jámborffy.
Slavitsek, Anton.	Csalogányi.
Menner, Carl.	Himfy.
Ridley Chon, Rudolph.	Veszprémi.
Rázy, Alexander.	Sándorfy.
Kaiser, Joseph.	Réty.
Roszmann, Johann und Brüder.	Lovassy.
Drüthandel, Gustav.	Korányi.
Perheft, Hermann und Brüder.	Bérczy.
Steibl, Franz.	Bokor.
Familie Kranz.	Koszorúfy.
Duben, Joseph.	Dombi.
Rácz, Stephan.	Magyar.
Kralitz, Anton.	Öri.
Nikoledon, Vincenz.	Győzei.
Hofstettner, Stephan.	Reményváry.

Früherer Name.	Geänderter Name.
Günther, Alexander.	Alajosy.
Teutsch, Joseph.	Németi.
Ziegler, Paul.	Téglásy.
Müller, Franz.	Merényi.
Haubold, Joseph.	Verdősy.
Theil, Ludwig und Brüder.	Táy.
Lumnitzer, Wilhelm.	Lomniczy.
Fibler, Stephan und Brüder.	Hangai.
Jovanovits, Theodor und Ferdinand.	Jánosi.
Schulz, Moritz.	Birány.
Scharferin, Martin.	Feley.
Dobscher, Johann.	Dobscha.
Moser, Carl.	Mohari.
Henkler, Heinrich.	Fülhegyi.
Brezits, Franz.	Körmöndi.
Wagner, Eduard.	Kerekesi.
Groß, Ludwig.	Nagy.
Wolf, Carl.	Farkas.
Kandel, Wilhelm.	Sellegi.
Schmid, Stephan, Szörény.	Szenthegyi.
Pauloviss, Anton.	Pálfi.
Chmelik, Nicolaus.	Komlóy.
Einzig, Vincenz.	Egyesi.
Geyer, Anton.	Gányafy.
Kovacsik, Johann.	Tábory.
Krumm, Anton.	Koronpay.
Gebrüder Brunner.	Kutasi.
Hivhager, Matthias.	Jelenfi.
Slobotnik, Gabriel.	Szerényi.
Haumann, Ladislaus.	Vértes.
Abranovits, Johann.	Abrahámfy.
Stephanits, Joseph.	Jstvánfy.
Dissinger, Anton.	Dezsényi.
Schmidt, Stephan.	Zongor.
Hrebicsek, Stephan.	Székfi.
Unterholzer, Samuel.	Alfay.

Früherer Name.	Geänderter Name.
Schwanauer, Matthias.	Ligetfy.
Pohl, Carl.	Polányi.
Tiringer, Eduard.	Ajtai.
Schwarzer, Franz und Carl.	Fekete.
Lauschmann, Wenzel.	Lessfy.
Schwarzer, Jacob und Joseph.	Fekete.
Markli, Joseph.	Márki.
Arkauer, Joseph.	Arky.
Stauf, Carl.	Huszár.
Haubegen, Eduard.	Kardossy.
Schuster, Anton.	Vargai.
Mollik, Joseph.	Morvay.
Ferber, Joseph.	Sinesy.
Morbitzer, Johann.	Moháry.
Seiverth, Johann.	Kőhalmi.
Winkler, Michael, Joseph u. s. w.	Kőszeghy.
Romantsik, Franz.	Regényi.
Ellinger, Ignatz.	Erényi.
Nagel, Franz.	Kőrmei.
Heyder, Geisa.	Hadány.
Götzinger, Joseph.	Ladányi.
Hrdlitska, Johann.	Gerley.
Rauen, Ferdinand, Joseph und Friedrich.	Rónay.
Edelmann, Joseph.	Erényesy.
Teichler, Joseph.	Tavassy.
Fäller, Adam.	Töltéssy.
Kainer, Johann.	Csolnaky.
Baittrock, Eduard.	Selmeczy.
Rosenberg, Anton.	Rózsafi.
Sperlagh, Anton.	Szelényi.
Freund, Ludwig.	Baráty.
Förstner, Joseph.	Ligeti.
Bradats, Alexander.	Szakáli.
Pfitzner, Leopold und Joseph.	Tavi.
Gebrüder Dusbaba Senftleben.	Repcsényi.
Fürst, Maximilian.	Herczeg.

Früherer Name.	Geänderter Name.
Groß, Aron.	Nagy.
Hofbauer, Johann.	Udvardy.
Zelenak, Anton.	Zőldy.
Schmidt, Johann.	Kováts.
Schmied, Franz und Johann.	Kováts.
Wohl, Moses.	Jóh.
Wolf, Anton, Joseph u. s. w.	Farkas.
Demetrovits, Michael.	Demőky.
Startsevits, Alexander.	Világos.
Maurszky, Joseph.	Mórfy.
Svats, Michael.	Besenyey.
Schlamjar, Joseph.	Iszapi.
Freytag, Franz.	Bőjtvalvy.
Zarubsky, Johann.	Vághelyi.
Atzinger, Ludwig.	Ligetvári.
Brabats, Alexander.	Szakáli.
Gregusch, Achatius.	Gerő.
Familie Vranovits.	Varjassy.
Michalovits, Johann.	Miháli.
Hopf, Johann.	Komlósy.
Gruber, Emerich.	Arky.
Gebrüder Bloch.	Ballagi.
Gebrüder Krupetz.	Daray.
Sackstetter, Johann.	Szakváry.
Amesmeyer, Andreas.	Hangyási.
Familie Czeh.	Cserkuti.
Prohaska, Nicolaus.	Sétafy.
Jambrich, Ignatz.	Jámbory.
Haber, Georg und Paul.	Hadhalmy.
Paplawitz, Johann.	Zárnoky.
Radits, Paul.	Radó.
Hell, Johann.	Heley.
Rosenberger, Honorius.	Rózsahegyi.
Cserta, Johann.	Cserey.
Purgstaller, Joseph.	Palotai.
Futschak, Johann.	Forgács.

Früherer Name.	Geänderter Name.
Bühler, Johann.	Csányi.
Kümmerl, Rudolph.	Köménykei.
Markovitz, Johann.	Elemér.
Bauernfeind, Michael.	Ellenfy.
Theodosius, Alexander, Johann, Nicolaus.	Aldásy.
Familie Tersztyánszki, Samuel.	Nádasy.
Karl, Joseph.	Károly.
Tauber, Wilhelm.	Galambfy.
Fischer, Emerich.	Halász.
Amberger, Carl.	Hegyallyai.
Bartoschek, Michael.	Bárdossy.
Büchler, Abraham.	Könyvessi.
Kiripolszky, Carl.	Karcsai.
Koller, Johann und Joseph.	Mányai.
Seidenschwarz, Alexander.	Selmesy.
Zimmermann, Joseph und Jacob.	Acsádi.
Pramstraller, Ernst.	Sugáry.
Jakabitska, Labislaus.	Csermendi.
Paulovits, Johann, Thomas und Marie.	Pálfi.
Miatovits, Peter.	Szerényi.
Misich, Alexander.	Barna.
Herschenrötter, Paul.	Urányi.
Kreiter, Franz.	Füvesi.
Dirner, Ludwig.	Dernői.
Koller, Franz.	Mányi.
Thürmenstein, Friedrich.	Toronykői.
Richter, Eduard.	Biró.
Gombarovits, Anton und Paul.	Ligethi.
Summer, Anton.	Nyáry.
Matusch, Anton.	Mátyusföldi.
Streibig, Carl.	Harczi.
Feueregger, Carl.	Tűri.
Gebrüder Sudarovits.	Sudár.
Rauth, Joseph.	Málrásy.
Gebrüder Tarasovits.	Jenőfi.
Weiß, Hermann.	Fehéry.

Früherer Name.	Geänderter Name.
Geiger, Joseph.	Hegedűs.
Kalabusz, Stephan.	Kárpáti.
Miladinovich, S. und David.	Kellemesi.
Nickl, Moritz.	Miklósy.
Gebrüder Schwinn.	Endrei.
Oterhalik, Johann.	Szihalmi.
Folkmann, Joseph.	Népessy.
Benkert, Carl.	Kertbényi.
Zenger, Carl.	Vajkai.
Mitzer, Andreas.	Mizsei.
Hadschitz, Damian.	Hadfi.
Kohn, Joseph.	Kunosy.
Sackmeister, Joseph.	Regényi.
Pencz, Fidel.	Kupa Hűmér.
Klein, Friedrich.	Parányi.
Smatla, Georg.	Győzei.
Holzer, Joseph.	Faváry.
Didetzky, Carl.	Bérczesi.
Stephanovszky, Ludwig.	Istvánfi.
Beck, Joseph.	Bánhegyi.
Strasser, Alexander.	Székely.
Antonovits, Georg.	Illés.
Stwerietzky, Johann.	Szittya.
Gebrüder Wlkolirsky.	Farkasdy.
Schönauer, Andreas und Gebrüder.	Szépligety.
Plattner, Wilhelm.	Balatony.
Opitzky, Johann.	Kelety.
Kandell, Joseph und Christof.	Nyiri.
Slamentschik, Daniel.	Szlánafi.
Kaisler, Adolph.	Király.
Fajtli, Emerich.	Boros.
Misso, Adam.	Mihályfi.
Triff, Alexander.	Vérfi.
Schuster, Constantin.	Vargay.
Litzner, Carl.	Lenkey.
Rößkopf, Georg.	Lovasi.

Früherer Name.	Geänderter Name.
Bukovits, Franz.	Bukovai.
Joanovits, Stephan.	Joaneszko.
Kosztits, Michael Laczko.	Laczkó.
Hermann, Johann.	Urai.
Werstattek, Johann.	Műhelyi.
Dovretyel, Jeseph.	Pergő.
Goldberger, Ignatz.	Aranyváry.
Szamko, Amalie.	Zánkai.
Familie Zollner.	Vámosy.
Müller, N.	Molnár.
Schönecker, Franz.	Szépszegi.
Reiner, Joseph.	Rajnay.
Gebrüder Emst.	Izay.
Wannek, Rudolph.	Gádasy.
Schalutt, Anton.	Boros.
Schwarz, Joseph.	Zsámbokréthy.
Klein, Hermann.	Kilényi.
Sebastianovits, Emerich.	Sebestényfi.
Ruzsitska, Johann.	Rózsás.
Stoykovits, Peter.	Szillányi.
Kulterer, Ignatz.	Murányi.
Schiller, Ludwig.	Dallósi.
Robak, Johann.	Ronai.
Thalmannsdorf, Ferdinand.	Mory.
Georgievich, Michael.	Nancsó.
Regenhardt, Friedrich.	Zápori.
Voitschek, Michael.	Csatáry.
Abraham, Joseph.	Abafi.
Palkovits, Anton.	Pálkővi.
Mayer, Johann und Emerich.	Bátori.
Schopf, Anton.	Ercsényi.
Christian, Emerich.	Keresztényi.
Steinheufel, Johann.	Kőhalmi.
Seltenreich, Ivan und Georg.	Zojomi.
Seidl, Johann.	Mészey.
Birnstingl, Georg.	Körtvélyesi.

Früherer Name.	Geänderter Name.
Branik, Johann.	Védfi.
Schönpflug, Anton.	Ekei.
Markovits, Dionys und Theodor.	Murányi.
Familie Pavianovits.	Barrai.
Kendelhoffer, Franz.	Reményfi.
Chiabai, Paul und Bartholomäus.	Csabai.
Kutschera, Johann.	Göndőry.
Stolmar, Sebastian.	Majorosy.
Leimstädter, Peter.	Enyváry.
Nickmann, Joseph.	Szenderfy.
Skoda, Lorenz.	Károsy.
Kvitschala, Anton.	Fenyvesy.
Sipulik, Paul.	Sipoly.
Spath, Joseph.	Későy.
Zdravucha, Anton.	Üdvősy.
Zsarnovicsan, Michael.	Zsarnóczai.
Zaribnyiczky, Andreas.	Tavasy.
Slota, Franz.	Zagyvay.
Schneider, Adolf und Gustav.	Szelényi.
Plitz, Johann.	Villámi.
Ticho, Ladislaus und Sohn.	Békes.
Porempovits, Michael.	Reményi.
Weingartner, Joseph.	Szölényi.
Partschetich, Siegmund.	Rákoczy.
Partschetich, Hugo.	Rákoczi.
Gebrüder Theodosius.	Hevesi.
Gebrüder Angleta.	Angyal.
Möser, Stephan.	Morvay.
Theuerkauf, Paul.	Térey.
Gebrüder Weizenbräuer.	Buzay.
Gebrüder Mischitschs.	Ligeti.
Liber, Ferdinand.	Bibor.
Jakubinyi, Franz und Brüder.	Kubinyi.
Petuelli, Eduard.	Üveges.
Gasparovits, Stephan.	Virányi.
Stöckl, Ludwig.	Törzs.

Früherer Name.	Geänderter Name.
Gebrüder Bakalovits.	Bakay.
Gebrüder Felizides.	Boldogi.
Romsauer, Franz.	Hollóssy.
B. Sternegg, Ludwig.	Csillagszegi.
Jancsovits, Joseph.	Jánosy.
Eremit, Stephan.	Remete.
Séner, rect. Schönauer F.	Szépligety.
Löffler, Jacob.	Kanálosy.
Pasch, Michaël und Moritz.	Vass.
Nimetz, Joseph.	Nádai.
Than, Johann.	Apáthy.
Dietzgen, Joseph.	Rajnay.
Kraus, Ludwig.	Bodory.
Schwarzenfeld, Alexander und Ernst.	Szenes.
Freund, Philipp.	Barátfy.
Heißer, Johann.	Forrai.
Weiß, Hermann, Johann.	Tarnay.
Blauhorn, Michael.	Kékesy.
Altmann, Joseph und Bernhard.	Öreg.
Grünfeld, Wilhelm.	Zőldesy.
Krispin, Peter.	Honfi.
Holovich, Balthasar.	Homonnai.
Kaill, Alexander.	Kajlányi.
Kammerer, Franz.	Tarcsai.
Wachtel, Franz.	Fürjessy.
Wanderer, Maximilian.	Vándorffy.
Graiziger, Rudolph.	Peres.
Chiabai, Paul und Bartholomäus *).	Csabai.
Windisch, Ludwig.	Vashegyi.
Familie Dankmaringer.	Hálay.
Gebrüder Haidegger.	Mezőföldy.
Steininger, Johann.	Rudassy.

*) Man sieht, es kommen dieselben Namen wiederholt vor; es kann aber nicht angehen, an den officiellen Listen des verantwortlichen magyarischen Ministeriums von 1848/49 willkürliche Auslassungen vorzunehmen.
Staat oder Nationalität.

Früherer Name.	Geänderter Name.
Imhoff, Peter.	Udvardi.
Roth, Andreas und Brüder.	Vörös.
Gebrüder Popovits.	Szikray.
Petrovits, Ernst, Paul.	Bátori.
Bagyinsky, Matthias.	Bombányi.
Golub, Wilhelm.	Atádi.
Familie Kovachich-Dellinanich.	Kovácsy.
Petsovits, Franz.	Pétsfy.
Burgharbt, Leopold.	Keményvári.
Friedrich, Johann.	Békefy.
Tausch, Jacob.	Cserésy.
Schnabel, Adolph und Bela.	Orosdi.
Bovankovich, Ludwig.	Bábolnai.
Stahl, Carl.	Atzél.
Gebrüder Hauck.	Lehel.
Slivka, Carl.	Szilvási.
Petertyl, Joseph.	Péterfy.
Melioris, Ladislaus und Söhne.	Tobori.
Stur, Carl.	Honti.
Hartmann, Lorenz.	Kemény.
Benakovits, Stephan.	Barányi.
Paulovits, S.	Szentmihályi.
Klein, Wilhelm.	Kiss.
Kristinkovits Kováts, Anton.	Kováts.
Haj, Max.	Szénásy.
Gebrüder Weiß.	Fehér.
Eisenhut, Stephan.	Vaskalap.
Paldt, Joseph.	Páldy.
Henfner, Johann.	Kenderi.
Sido, Wendelin.	Sidófi.
Prätzel, Michael.	Pereczi.
Greißhaber, Matthias.	Daray.
Freund, Emerich.	Bartai.
Seitz, Johann und Joseph.	Zalay.
Argyelan, Lupucz.	Erdélyi.
Steinitz, Franz.	Kővegyi.

Früherer Name.	Geänderter Name.
Lengenfelber, Joseph.	Lengey.
Carl, Michael.	Károli.
Reindl, Leopold.	Edényi.
Ludwig, Leonhard und Johann.	Lajosfi.
Komnenovits, Alexander.	Höskelety.
Kajlanyi, Alexander.	Rőnyi.
Lubinger, Julius.	Szerelemfi.
Polakovits, Ignatz.	Lengyelfy.
Prandl, Joseph.	Égetessy.
Reinhardt, Alwin und Johann.	Alvinczy.
Fuchs, Ludwig.	Rokay.
Böhm, Gustav.	Cseh.
Keßtner, Joseph und Brüder.	Keszthelyi.
Szlizs, Emerich.	Urszini.
Rainagel, Richard.	Rajnay.
Grund, Eduard.	Alapfi.
Losteiner, Anton.	Arányi.
Gebrüder Putzkaller.	Kőhalmy.
Ippi Bydeskuti, Ludwig.	Ippi Hunyady.
Kaiser, J. E.	Csáky.
Gebrüder Friedmann.	Békefy.
Gebrüder Kanyuscsák.	Kanisay.
Heinrich, Franz und Sohn.	. . . .
Eckenfellner.	Szegeleti.
Klein, Johann.	Kis.
Karpf, Ignatz.	Karvasy.
Deutsch, Joseph.	Daróczy.
Poysel, Franz.	Pataki.
Weiß, Jakob und Michael.	Fehér.
Mengeringhauser, Joseph.	Kőrlaki.
Aladits, Stephan.	Andori.
Auffenberg, Norbert.	Ormai.
Petrovits, Andreas.	Péterfi.
Jankovits, Paul.	Jánosy.
Asthaller, Franz und Sohn.	Agvölgyi.
Leopold, Maximilian.	Lipóti.

2*

— 20 —

Früherer Name.	Geänderter Name.
Trsztyenszky, Franz.	Nádosy.
Bauer, Ludwig.	Paraszti.
Popovits, August.	Tihamér.
Wandlik.	Olasz.
Schwager, Johann und Brüder.	Rokonfi.
Stier, Paul und Brüder.	Birnai.
Bessedits, Franz.	Besyelényi.
Kolb, Bartholomäus.	Keleti.
Hitsch, Ludwig.	Hősfy.
Onderka, Julius.	Szilágyi.
Starcsevits, Joseph und Emerich.	Világos.
Pirovits, Coloman.	Prényi.
Perisits, Paul.	Pörösy.
Lechner, Stephan.	Lényei.
Starcsevits, Ambros.	Szárcsay.
Potskai, Siegmund.	Botskay.
Knapp, Emerich und Joseph.	Kálnay.
Gruber, Philipp.	Gödrösy.
Hirschl, Wilhelm.	Szarvady.
Graser, Julius.	Pécsi.
Pisurnyi, Johann.	Reményfi.
Gebrüder Hatscher.	Cserháti.
Pillmayer, Ignatz.	Mókai.
Gebrüder Nastredinovits.	Naszády.
Gebrüder Milutinovits.	Szilárdy.
Poysel, Franz.	Pataky.
Orosi, Ignatz.	Kerekes.
Weiß, Anton.	Vértesi.
Pöschl, Carl.	Lejtei.
Nicolits, Blasius.	Miklósy.
Nicolits, Peter und Alexander.	Rudnay.
Wittwe Arkauer.	Arkay.
Zeisler, Joseph.	Csizi,
Staressinchich, Martin.	Békessy.
Pirnstil, Vinzenz und Brüder.	Körtvéssy.
Schütze, Theodor und Brüder.	Jász.

Früherer Name.	Geänderter Name.
Heller, Joseph.	Halmay.
Schuhmayer, Ignatz.	Somay.
Kristschori, Labislaus.	Keresztúri.

Anno 1849.

Schöpf, August und Friedrich.	Merei.
Bock, Johann und Ludwig.	Bokay.
Rieber, Joseph und Johann.	Redey.
Schwanfelder, Christoph.	Hattyúfy.
Hermann.	Urai.
Hirsch, Johann.	Szarvasi.
Ott, Martin und Brüder.	Omai.
Jilk, Joseph und Alexander.	Irnyei.
Albrecht, Friedrich.	Alapi.
Brunner, Franz.	Kuthy.
Thanhoffer, Ludwig.	Honváry.
Burger, Adam.	Váry.
Csernkovits, Georg.	Fekete.
Konstantinovits, Johann.	Szilárdi.
Landshut, Stephan und Georg.	Aradi.
Wuchetich, Franz.	Vezér.
Tribus, Franz.	Nemey.
Kaiser, Ludwig.	Kőváry.
Brandtner, Paul.	Egésy.
Stiavnitzky, Martin.	Selmeczy.
Kutschera, Ignatz.	Szabadföldi.
Barth, Gustav.	Szakál.
Reszler, Johann.	Lovasi.
Meierhofer, Carl.	Gyarmati.
Pauer, Michael.	Pór.
Turkovits, Stephan.	Turkossi.
Ficker, N.	Fegyverneki.
Steinberger, Joseph.	Kőhalmi.
Schindler, Johann.	Szélvényi.
Aigner, Emerich.	Rengei.
Ivanovits, Anton.	Ivánfy.

Früherer Name.	Geänderter Name.
Schulz, Felix.	Bátori.
Hahn, Ludwig.	Ligeti.
Husrik, Carl.	Hazafi.
Kramer, Carl.	Karay.
Biglbauer, Joseph.	Békefy.
De Rivo, Georg.	Csermelyfy.
Povedák, Stephann, Johann und Ladislaus.	Szónoky.
Spitzer, Abraham und Brüder.	Hegyesi.
Czibulka, Christoph und Caspar.	Hagymási.
Geyer, Franz.	Héjjasi.
Podhorsky, Albert.	Völgyei.
Klimt, Joseph.	Keve.
Loisch, Eduard.	Lenkey.
Kriegler, Johann.	Harczos.
Joachimstadt, Constantin.	Ujlaki.
Rosenfeld, Moritz.	Rózsai.
Trippel, Egyd.	Kertessi.
Zipser, Anton.	Jankó.
Friedrich, Coloman.	Békefy.
Familie Krünner, Leopold.	Kürti.
Koller, Joseph jun.	Mányai.
Thoma, Johann.	Tamási.
Blaskovits, Ladislaus.	Fehér.
Tassler.	Pozsonyi.
Gersanits, Stephan.	Munkácsi.
Ast, Ferdinand.	Agfi.
Sonnomar, Bernhard.	Tavaszi.
Latzkovits, Anton.	Lászlófi.
Konstantinovits, Johann.	Szilárdy.
Stockinger, Martin.	Tőkey.
Eisler, Moritz.	Vasfy.
Kmett, Stephan.	Apafi.
Rech, Ladislaus.	Martosy.
Drüsner, Joseph.	Erdei.
Gyorgyevits, Ignatz.	Szentgyörgyi.
Wittmayer, Anton und Brüder.	Várady.

Früherer Name.	Geänderter Name.
Obdrschalek, Thomas und Söhne.	Környei.
Geisler, Georg und Söhne.	Gömöri.
Haslinger, Moses.	Mogyorósy.
Spilka, Siegmund.	Töreky.
Gseusig, Andreas und Albert.	Regényi.
Petyko, Andreas und Isak.	Ötvös.
Fischl, Eduard.	Lorody.
Weindl, Joseph und Franz.	Borczay.
Weinhofer, Alerius.	Borteleki.
Familie Kolosi.	Cselei.
Rath, Philipp.	Romvári.
Ringelhann, Anton.	Gyurei.
Brettner, Georg.	Honfy.
Golombits.	Galambosi.
Mihalovits, Stephan sen.	Munkácsi.
Zittler, Johann.	Cilényi.
Gonssory, Johann.	Gondorai.
Milaschevits, Ludwig.	Milvay.
Jussakovits, Damian.	Bajai.
Sismits, Joseph.	Ormay.
Sukits, Anton.	Zsuki.
Witterding, Julius.	Kellesy.
Willar, Franz.	Vilás.
Umheißer, Ignatz.	Kőrházi.
Kmosko, August.	Börnney.
Lindenberger, Stephan.	Hárshegyi.
Ellenbacher, Joseph.	Érlaki.
Szász, Moses und Dionys.	Geszegi.
Thanhoffer, Paul.	Honvári.
Wellz, Johann.	Sziklai.
Quilla, Anton.	Majorosi.
Vendescu, August und Brüder.	Védey.
Hert, Leopold.	Tüzes.
Schauer, Johann.	Jegesi.
Tenzlinger, Paul.	Tárai.
Miller, Franz.	Molnárfi.

Früherer Name.	Geänderter Name.
Kampis, Anton.	Mezei.
Pfannschmidt, Carl.	Zászlósy.
Löwy, Anton und Aron.	Lányi.
Winterhalter, Jacob.	Téli.
Latzelsberger, Joseph.	Laczhegyi.
Schmidt, Michael.	Kovácsi.
Lichtenegger, Vincenz.	Fényhalmi.
Kamaratli, Johann.	Karai.
Leithner, Ignatz.	Vezéri.
Kovacsevits, Franz.	Kovácsi.
Ochs, Ferdinand.	Jármai.
Rasovits, Moritz.	Rázsai.
Himmel, Anton.	Égő.
Leithner, Franz.	Dezső.
Huboda, Anton.	Badini.
Gelber, Joseph.	Szinesi.
Gebrüder Steiger.	Járdai.
Eisler, Benedict.	Vasvölgyi.
Geber, Ferdinand.	Adófy.
Gebrüder Sulyan.	Surányi.
Waberer.	Hadfi.
Familie Petrovits Vincenz.	Szekeres.
Seligmann, Moritz.	Boldogfi.
Kretter, Anton.	Rettegi.
Miskovits, Andreas.	Farkasi.
Hoffmann, Joseph.	Reményi.
Heinzmann, August.	Sárkány.
Possert, Franz und Joseph.	Poszirti.
Renn, Paul.	Sebes.
Rosenfeld, Samuel.	Rózsás.
Kolleschovsky, Ludwig.	Tóth.
Glatz, Anton.	Győzősi.
Bargyovsky, Martin.	Bártfai.
Tischner, Christian.	Asztalfi.
Hamburger, Georg.	Lakatos.
Hisli, Joseph.	Zalár.

Früherer Name.	Geänderter Name.
Hazucha, Franz und Ludwig.	Kelmenfi.
Stier, Paul.	Birnai.
Schnapp, Heinrich.	Zagyvai.
Herfurrth, Ladislaus.	Dernei.
Vranich, Vincenz.	Varnai.
Seifer, Johann.	Szederjei.
Eisenhut, Georg.	Sisaki.
Weber, Johann.	Lövész.
Leovits.	Oroszlányi.

Diese massenhaften Entnationalisirungen zu Gunsten des magyarischen Elementes fanden nur allein in einem kurzen Abschnitte der Jahre 1848 und 1849 statt. Sie wurden auch später fortgesetzt, und haben viel früher begonnen, noch vor dem Jahre 1825, aus welchem der neuere Aufschwung der magyarischen Action datirt. Und schon die erste ungarische Grammatik zeigt ein Titelbild, worauf ein bezopfter Magyare einigen ebenfalls bezopften Leuten anderer Nationalität die Hand reicht, worunter dann der sinnreiche Vers steht:

„Wie glücklich ist der deutsche Mann,
Der unter Ungarn ungrisch kann!" — —

Es wäre zu weit gegangen, wenn man annehmen wollte, jene Tausende und aber Tausende, deren Namen magyarisirt wurden, wären dadurch auch schon zu wirklichen Magyaren geworden; aber sie halten sich dafür, und was die Hauptsache ist, sie werden dazu gezählt. Das hat bezüglich dieses Stammes zu den vielen Irrungen in der Ethnographie, in der Statistik, in der Verwaltung und in der — Politik geführt.

Wenn aber schon eine Nation, die erst ein Staat werden will — das „Wie?" liegt außerhalb des Rahmens dieser Betrachtungen — ihre Kräfte aufs Aeußerste anstrengt, um durch Assimilation Dasjenige herbeizuschaffen, was sie die politische Nation nennt und mittelst welcher dann die Gesammtinteressen vermittelst der Aufbietung und Ordnung der Kräfte der Gesammtheit leichter verwirklicht werden können, als durch disparate Elemente in ihrem Schoße, wie viel mehr Ursache hat dann ein thatsächlich bestehender Staat, jenem Auseinandergehen der Wünsche, Interessen, Sprachen u. s. w. zu steuern, welches die Cooperation zur Erreichung der Zwecke des Staates so außerordentlich erschwert, oder geradezu unmöglich macht. Welch' großes Interesse hätte z. B. Oesterreich, um eine Basis zur Einheit seiner Action zu gewinnen?! —

Germanisirung.

Man gibt vor, daß in Oesterreich die **Gleichberechtigung der Nationalitäten** herrsche oder herrschen solle.

Daneben werden die Deutschen in Czechien, in Mähren, in Slovenien, in Südtirol, in Triest, die regierungsfreundlichen Ruthenen in Galizien majorisirt und unterdrückt oder zu majorisiren und zu unterdrücken versucht.

Wie es dies bezüglich in Ungarn steht, ist weitläufiger anzudeuten versucht worden.

Die Gleichberechtigung der Nationalitäten könnte darin gefunden werden wollen, daß jede Nation gleichberechtigt wäre, ihr natürliches Contingent durch Ueberredung, Werbung, moralische, politische oder physische Gewalt aus dem Complexe anderer Nationalitäten zu vermehren; oder darin, daß jeder Nation der Stand ihrer Mitglieder und dessen natürlicher Zuwachs auf ihrem Gebiete etwa von Staatswegen garantirt würde. Das Erste sollte theilweise **rechtlich** unmöglich sein; das Andere ist es **factisch**, da die Nationalitäten nicht auf geschlossenen Gebieten, sondern neben und durcheinander wohnen.

Die Gleichberechtigung der Nationalitäten ist eine Phrase.

Nur in Oesterreich, wo man Allem und Jedem gerecht werden möchte, ist sie erfunden worden.

Die Gleichberechtigung der Nationalitäten in einem großen, polyglotten Reiche ist eine Unmöglichkeit.

Es wird in einem solchen Reiche immer eine oder die andere Nationalität den Vorzug haben, sei es durch ihre Zahl und Ausbreitung, sei es durch ihre Energie, ihre Bildung, oder dadurch, daß die Regierung ihr mit ihrer Macht zur Seite steht, sie als die **politische Nation** des Reiches erklärt und die Sprache derselben zur **Staatssprache** erhebt.

Und so soll es auch sein!

Fünf Jahre lang deutsch, und zur Abwechslung dann fünf Jahre ungrisch, oder czechisch, oder slovenisch, das hält kein Land und kein Reich aus! —

Es wäre demnach zu untersuchen, welche Nationalität in Oesterreich zur Uebernahme der Führung geneigt wäre, deren Idiom dann auch zugleich als Staatssprache zu gelten hätte.

Da hätten wir vor Allen die Magyaren. Es ist gezeigt worden, mit welchem Erfolge sie ihre Reihen durch Rekrutirung aus den Lagern der Deutschen, der Serben, der Romanen, der Israeliten u. s. w. zu verstärken vermochten. An der nöthigen Energie fehlt es dieser Nation keinesfalls und auch die Geneigtheit zur Uebernahme der Leitung wäre reichlich vorhanden.

Erhebt man die Magyaren zur politischen Nation des Reiches, so kommt der Schwerpunct nach Pest-Ofen. Damit wäre dann abermals eines der ingeniösen Recepte des preußischen Ministers Graf Bismarck für Oesterreich acceptirt, welche dem Reiche bisher so außergewöhnlich wohl bekommen sind.

Aber wohl gemerkt! Der Schwerpunct in Pest-Ofen wäre nicht der Schwerpunct für die österreichische Monarchie, sondern höchstens der Schwerpunct für Ungarn, für Croatien und vielleicht auch für Siebenbürgen.

Man wird es nicht vergessen haben, daß der niederösterreichische Abgeordnete Julius Schindler meinte: man solle nicht glauben, die Deutschen Oesterreichs hätten gegenüber dem Waffengerassel des letzten preußischen Kriegs nicht die Lerche singen hören von deutscher Freiheit, von deutscher Einheit, — die Lerche, die so hoch fliegt, daß kein Zündnadelgewehr, sie herunterschießen kann! — Man wird sich noch erinnern, daß bei der Adreßdebatte im oberösterreichischen Landtage am 3. December 1866 der Abgeordnete Kreßner sagte: „Wir müssen den Deutschen zurufen, daß wir uns noch als Deutsche fühlen. Deutschland wird sich constituiren und sich dann seines im Osten zurückgelassenen Vorpostens erinnern." — Und die Reden zur Feier des Jubiläums Kuranda haben sich auch nicht eben heiß für die Hegemonie Ungarns ausgesprochen.

Nein, die Führung Oesterreichs durch Ungarn würde nicht ganz Oesterreich im Gefolge haben. —

Die Czechen betragen nahe $^{3}/_{5}$ der Bevölkerung Böhmens und haben Ableger in Mähren, in jener Markgrafschaft, in welcher die treuesten deutschen Oesterreicher wohnen. Die Czechen träumen nicht von der Führerschaft Oesterreichs; sie begnügen sich mit einem Großlandtag; im Uebrigen möge sich Oesterreich verrichten."

Die **Polen** haben an Oesterreich nur insoferne Interesse, als es Galizien zum Schauplatz polnischer Umtriebe gegenüber Rußland, Preußen und Oesterreich hergibt.

Die **Romanen** nehmen nur provinciale Bedeutung für sich in Anspruch.

Die **Slovenen** werden sich wohl bescheiden; eine Führerrolle scheint für sie allerdings nicht gewachsen zu sein.

Der **italienischen** Sorgen, wie Napoleon III. gratulirt hat, wären wir ja los.

Wenn es mit der **Gleichberechtigung** Nichts ist, blieben nur noch etwa die **Deutschen** übrig.

Freilich, die Gleichberechtigung hat in der letzten Zeit wieder üppige Schößlinge getrieben. Der Handelsminister hat erlaubt, daß in acht Sprachen telegraphirt werden darf. Welche herrliche Errungenschaft! — Man meldet aber, daß von dieser Erlaubniß ein äußerst spärlicher Gebrauch gemacht werde. Und das ist ganz gut. Denn man kann doch nicht in jedem Telegraphenbureau achtsprachige Menschen anstellen! Wenn aber dies nicht angeht, wie sollen die Telegraphenämter ihrer Pflicht nachkommen, bedenkliche oder gefährliche Telegramme zurückzuweisen?! Auf Grund dieser human aussehenden Gleichberechtigungs-Maßregel könnte eine sehr hübsche Verraths-Correspondenz eingerichtet und müßte von den k. k. Telegraphen-Aemtern besorgt werden! — —,

Aber, wie ist es mit den **Deutschen**?

Man sagt zwar, Oesterreich sei auch die deutschen Sorgen losgeworden. Aber **Eilf Millionen Deutsche in Oesterreich** — man zähle ordentlich, und man wird sie finden — lassen es nicht wahrscheinlich erscheinen, daß Oesterreich mit Deutschen gar Nichts mehr zu thun habe.

Soll man also etwa **germanisiren**?

Die **Germanisirung** ist ein in Oesterreich nahezu verpöntes Wort.

Man darf in Oesterreich magyarisiren, czechisiren, polonisiren, slovenisiren, romanisiren, aber germanisiren darf man bei Leibe nicht. Und wo irgend eine Spur auftauchen sollte davon, daß irgendwo auf „fremdem" Gebiete Deutsch getrieben werde, da sind sie dahinter her, als ob es gälte, das goldene Vließ der urangestammten Sprache gegen die Invasion eines africanischen Negerdialectes zu vertheidigen. So interpellirte in der Sitzung des Agramer Landtags vom 4. December 1866 der Schriftführer Dutkovic das Präsidium: er habe aus Zeitungen entnommen, daß der Iriger Stuhlrichter (?) in der katholischen Schule zu Ruma die deutsche Sprache als Unterrichtssprache gebrauche. Es wurde in der That das Präsidium ersucht, sich über diese Sache zu unterrichten und dem Landtage das Nähere zu melden.

Ja, das Germanisiren wird nicht nur perhorrescirt und mit allen Mitteln hintangehalten, sondern es gibt sogar Gesetze, welche deutsche Kinder zwingen, inferiore Sprachen in den Schulen zu lernen; so das Gesetz wegen Durchführung der Sprachengleichberechtigung an den Volks- und Mittelschulen in Böhmen vom 18. Jänner 1866, nach welchem die Gleichberechtigung darin besteht, das deutsche Kinder Böhmens in den Volks- und Mittelschulen czechisch lernen müssen!

Wo es sich aber um Blut, um Geld, ja sogar wo es sich in letzter Instanz um die Sprache handelt, da muß am Ende doch der Deutsche in Oesterreich herhalten.

Was das Blut betrifft, so sprechen dafür die Verlustlisten aus dem letzten Kriege, die Nationalität der zahlreich genug in preußische Gefangenschaft gerathenen österreichischen Soldaten, und der Umstand, daß Ungarn, dem man gestattet hatte, ein Contingent von 25,000 Mann bis Mitte August — nicht im Wege der Conscription, sondern ausnahmsweise auf dem Wege der freien Anwerbung — zusammenzubringen, von diesem verhältnißmäßig geringen Contingente bis zum anberaumten Termine noch kein volles Drittel gestellt hatte.

Was das Geld betrifft, so ist es bekannt genug, daß die Steuerquote für die deutschen Provinzen nicht nur die höchste ist, sondern daß die Summen auch am pünktlichsten eingehen, und daß nebenbei deutscher Wohlthätigkeitssinn, deutscher Patriotismus Leistungen aufzuweisen haben, die als wahrhafte Unterstützungen der eigentlichen Staatsthätigkeit anzusehen sind.

Und was dann die **Sprache** betrifft, so gibt es merkwürdiger Weise im Leben der „interessanten" Nationalitäten Augenblicke, wo selbst sie zu diesem vielgeschmähten **deutschen** Idiom greifen müssen.

Soll daran erinnert werden, daß, als im großen Prager Slavencongreß 1848 eine Verständigung, man kann sagen eine Verständlichkeit zwischen Nord- und Südslaven durchaus nicht erreicht werden konnte, zur **deutschen Sprache** die Zuflucht ergriffen werden mußte?

Soll daran erinnert werden, daß in der letzten Sitzung der Regnicolar-Deputation der vorjährigen Session des ungarischen Landtags, in welcher die Schwierigkeiten zwischen Ungarn und dem dreieinigen Königreiche beglichen werden sollten, als letztes Verständigungsmittel die **deutsche Sprache** beliebt wurde? — **Die deutsche Sprache in Ungarn!** —

Und was soll von den **Slovenen** gemeldet werden? — Im vorjährigen **Krainer** Landtage hatten Svetec und Genossen über den Gebrauch der **slovenischen Sprache bei Amt und Gericht** interpellirt. Der Statthalter war bemüßigt, die Interpellation dahin zu beantworten: daß bei den Gerichtshöfen Krains mit sämmtlichen Parteien Einvernehmungen und Gerichtsverhandlungen von der slovenischen Sprache kundigen Richtern und Schriftführern durchgeführt und die Urtheile nach Bedarf auch slovenisch verkündigt werden. „**Die durchgängige slovenische Protocollführung sei jedoch derzeit noch wegen mangelnder allseitiger slovenischer Schriftkenntniß unausführbar!**"

Und in der Sitzung des **Klagenfurter** Landtags vom 1. Dezember 1866 beantragte der Abgeordnete **Steiner**: an die Landesregierung das Ersuchen zu stellen, dem **Verlangen der Gemeinden um Einführung des deutschen Sprachunterrichtes in der Schule** nachdrücklichst Geltung zu verschaffen. — Es ist dies also nicht etwa ein germanisirungssüchtiger Antrag, sondern ein großer Theil der **slovenischen** Gemeinden Kärnthens will die deutsche Sprache als Unterrichtssprache in die Volksschule eingeführt wissen, damit die Kinder, wie die Gemeinden sagen: etwas Nützliches lernen. Diesem Begehren wird aber vom Ordinariate der Diöcese Gurk entgegengetreten. — **Darum der Antrag Steiners!** — —

Es gibt aber noch mehrere Gründe für die **Germanisirung Oesterreichs**.

1. Seine Majestät der Kaiser ist ein D e u t s ch e r, und die kaiserliche Familie ist eine d e u t s ch e Familie.
2. Die österreichische Monarchie ist auf d e u t s ch e r Grundlage errichtet worden. Mit derselben steht und fällt sie.
3. Die eilf Millionen D e u t s ch e n Oesterreichs verstehen d e u t s ch; es verstehen auch viele Czechen, Polen, Magyaren, Slovenen, Romanen u. s. w. d e u t s ch. Es ergibt sich daraus die Thatsache, daß die immense Majorität der Bevölkerung der österreichischen Monarchie d e u t s ch versteht, was der Germanisirung Oesterreichs einen großen Vorschub leistet, und was zugleich zur Vereinfachung und Erleichterung der Administration führen muß.
4. Die nicht deutschen Völker Oesterreichs verlieren Nichts, wenn ihnen die d e u t s ch e Sprache in ihren Berührungen mit dem österreichischen Staate Vortheile bringt. Die D e u t s ch e n aber, welche man czechisiren, polonisiren, magyarisiren, slovenisiren, romanisiren u. s. w. wollte, müßten auf die Vortheile verzichten, welche eine Cultur- und Weltsprache bietet.
5. Durch die G e r m a n i s i r u n g O e s t e r r e i ch s würde dasselbe aus jenem Babylon errettet werden, in das es durch die sogenannte Gleichberechtigung der Nationalitäten gestürzt worden ist.
6. Ohne Friedensbruch, ohne Vertragsbruch würde die G e r m a n i s i r u n g O e s t e r r e i ch s die Präliminarien von Nikolsburg und den letzten Prager Frieden hinfällig machen. Die M ä n n e r D e u t s ch l a n d s — allerdings nicht die preußische Fortschrittspartei, die vor dem blinden Götzen des Erfolges huldigend im Staube liegt — rufen schon jetzt nach den eilf Millionen aus Deutschland hinausgedrängten D e u t s ch e n. Einem d e u t s ch e n K a i s e r t h u m O e s t e r r e i ch gegenüber würden die Resultate siebentägiger Kämpfe unhaltbar werden.

Es gibt noch einige Gründe für die G e r m a n i s i r u n g O e s t e r r e i ch s, aber es wird vielleicht an den angeführten genügen. —

Man wird einwenden, daß Germanisirungsbestrebungen in den Wirren der Gegenwart unangenehm berühren werden.

Die Steuern, die Rekrutirungen berühren auch unangenehm, müssen aber zur Erhaltung des Staates angeordnet und durchgeführt werden. Das Concordat hat auch unangenehm berührt und hat nicht einmal etwas zur Erhaltung des Staates beigetragen. — Eine Maß­regel, die zur Aufrichtung, zur Rettung des Staates führen kann, muß durchgeführt werden, wenn sie auch theilweise unangenehm berührt. Oder, man wird sagen: es sei zu spät, diese Maßregel in An­wendung zu bringen, Oesterreich habe keine Zeit mehr dazu. Wo nehmen denn die kleinen Nationalitäten die Zeit und den Muth her, freilich unter dem Schutze und Schirme desselbigen Oester­reich, sich so gewaltsam aufzublähen, und jede für sich einen Staat bilden zu wollen?!

Es ist aber auch nicht gemeint, daß bei der Germanisirung Oester­reichs gewaltthätig vorgegangen werden solle. Es soll hier nicht Preußen als Vorbild empfohlen werden, das in seinen polnischen Landestheilen in den Schulen die polnischen Katechismen durch Gens­darmen confisciren und durch die Fenster auf die Straßen werfen ließ*).

Die einzelne Nation mag ihre Nationalität, ihre Sprache unge­hindert pflegen im Hause, in den von ihr bezahlten Anstalten, in den von ihr errichteten Volksschulen, in den von ihr gegründeten Aca­demien u. s. w. Ja, der einzelne Nationale aus dem Volke möge das Recht haben, zu verlangen, daß in seiner Berührung mit dem Staate der Beamte der untersten Instanz mit ihm in seiner Sprache rede.

Alles Uebrige ist vom Uebel.

Vertretung und Verwaltung des Reiches müßten deutsch sein.

Der österreichische Reichsrath war im Wesentlichen deutsch. Es war daselbst zwar nicht verboten, in anderen Sprachen zu sprechen und ein Herr Ljubissa hat auch einmal istrianisch gesprochen. Es hat aber nichts geschadet und nichts genützt. Dennoch ist es gut, auch in dieser Beziehung eine feste Norm zu haben. Die Ungarn, welche diese Dinge verstehen, erlauben in ihrem Landtage Niemandem anders, als magyarisch zu sprechen; ja sie haben ein Gesetz gemacht, nach welchem Jemand gar nicht in den Landtag gewählt werden darf, der der magyarischen Sprache nicht mächtig ist. —

Einzelnen Nationen gar zugestehen zu wollen, daß sie, wie die Magyaren in ihrem Fünfzehner Subcomité-Elaborate sagen, von Zeit

---

*) ?? — der Setzer.

zu Zeit günstige Handelsverträge mit dem R e i ch e abschließen wollen; daß sie aparte Abtheilungen in den Welt-Industrie-Ausstellungen prätendiren, wie dies ebenfalls die Magyaren schon zu wiederholten Malen gethan haben, und dergleichen mehr, das wäre nun gar vom Uebel.

Das Gepräge des Reiches soll ein **einheitliches sein**, und hier wird vorgeschlagen, daß es ein **deutsches** sei.

———————

Das Princip der Nationalität.

An der Seine hat man das Princip der Nationalität auf die Fahne der auswärtigen Politik geschrieben.

Die politischen Chartographen, rectius Landräuber, geben vor, daß Europa nur beruhigt und befriedet werden könne, wenn die nach der Nationalität zusammengehörigen Volksbestandtheile zu einheitlichen Staaten zusammengelegt würden.

Nach den äußerst practischen Folgerungen dieses Principes hat Oesterreich zuerst die Lombardei, später Venetien eingebüßt.

Es wäre da noch Galizien an die Russen zu verlieren, da das „Slowo" die Ruthenen bereits für Russen erklärt hat; auch die Polen würden genau genommen besser nach Rußland gehören, da sie, wie alle übrigen nord- und südslavischen Gebiete Oesterreichs dem panslavistischen Colosse zu gravitiren müssen.

Die Serben im Süden Ungarns gehören offenbar dem Fürstenthum Serbien an.

Siebenbürgen mit seiner überwiegenden Anzahl von Romänen wird am besten mit der ohnedies schon vereinigten Moldau und Wallachei vereinigt.

Mit Südtirol wird dem Königreiche Italien ein nachträgliches Cadeau gemacht.

Die Deutschen in Europa haben sich noch nicht vereinigen können; im Gegentheil, sie haben einen fürchterlichen Krieg mit einander angefangen, der zwar zu Gunsten der Hausmacht des Hauses Brandenburg, aber nicht zu Gunsten Deutschlands ausgefallen ist.

Dabei ist Frankreich das Malheur passirt, Savoyen und Nizza annectiren zu müssen. Das ist nun zwar schnurstracks gegen das

Princip der Nationalität, da die Savoyarden und Nizzarden keine Franzosen sind.

Aber man kann höchstens daraus folgern, daß die Principien Frankreichs nicht sehr fest sind.

Und dieser Summe von Unwahrheiten, von Arroganz, von Habsucht, von Raubgier, dieser Summe von allen schlechten Leidenschaften gegenüber wollte Oesterreich Chorus machen mit den zweifelhaften Existenzen, welche den Cultus der Nationalitäten für den Inbegriff der modernen Staatsweisheit ausgeben?! —

Diese Nationalitäten! — Nach Innen hindern sie die nothwendige einheitliche Constituirung des Reiches, und nach Außen geben sie die Veranlassung zur Abbröckelung desselben.

Wann wird man begreifen wollen, daß alle diese ungescheuten Rufe nach Föderalismus und nach Dualismus baarer österreichischer Hochverrath sind?! —

Schmerling und die Februarverfassung.

Diese werden hier genannt, weil sie nicht dem Götzen der Nationalität gehuldigt und weil sie beide der Einheit des Reiches gedient. Zu dem hängt die Möglichkeit der Concentrirung der im Staate versammelten Kräfte zur Erreichung der Zwecke desselben nicht einzig und allein nur von der politischen Nation und der Staatssprache ab.

Als man zu merken anfing, daß die Operate des verstärkten Reichsrathes zum Zerfalle des Reiches führen mochten, erhielt Schmerling den Auftrag, auf der Grundlage des Octoberdiploms eine Verfassung auszuarbeiten. Man erkennt leicht, daß auf dieser Grundlage eine englische Charte nicht entstehen konnte.

Inzwischen war die Februarverfassung doch eine **Verfassung**, ein aus der freien Willensentschließung unseres Kaisers und Herrn den Bewohnern des Reiches gespendetes kostbares Geschenk.

Nach der Februarverfassung sollten die Vertreter der Bevölkerung des Reiches an der Gesetzgebung theilhaben.

Dieses wichtigsten Criteriums constitutionellen Aufbaues des Reiches entrathet die Februarverfassung nicht.

In der That hat diese Verfassung auch ihre Wirksamkeit durch vier Jahre gehabt. Die Action im Reiche versprach im Fortschritt der Zeit eine constitutionelle zu werden, das parlamentarische Leben entwickelte sich in den Sitzungen des österreichischen Reichsraths üppig genug.

Es gelang sogar, eine der wichtigsten Provinzen des Reiches, Siebenbürgen, demselben näher zu bringen. Die Vertreter des Großfürstenthumes haben zwei Sessionen des österreichischen Reichsrathes beigewohnt.

Die Ungarn hielten sich ferne vom Reichsrath; sie perhorrescirten die Februarverfassung und pochten auf ihre tausendjährige Constitution, unter welcher sie aber, wie sich nachgerade herausgestellt hat, die im Sturmjahre 1848 entstandenen Gesetze und das unabhängige, verantwortliche ungarische Ministerium verstehen.

Es wird erzählt, Schmerling habe erklärt: „Wir können warten!". Es ist geschichtlich nicht constatirt, ob Schmerling diesen Ausspruch gethan hat. Wenn er ihn gethan, so war es ein sehr richtiger Ausspruch und das demselben entsprechende Verhalten eine sehr richtige Politik.

Die cunctatorische Politik Schmerlings hätte am Ende auch die Magyaren mürbe gemacht; auch ihre Zähigkeit wäre der perennirenden Verfassungslosigkeit endlich erlegen.

Aber die Linke im österreichischen Reichsrathe wollte nicht warten.

Ueber den eifrigen Ausbau der Verfassung versäumte sie es, den Bestand derselben zu sichern. Die Wogen des parlamentarischen Lebens gingen hoch. Es gelang, die Gefahr einer Schmälerung der Souveränetätsrechte an die Wand zu malen. Vergeblich warnte Schmerling; vergeblich betonte er: seine Nachfolger würden nicht die Vermeinten sein. Das Ministerium Schmerling wurde majorisirt und trat ab, es folgte das Ministerium Eszterhazy-Belcredi; die österreichische Verfassung wurde sistirt! —

Und dazu hatte vornemlich auch das Wort Moritz v. Kaiserfeld's geholfen, das er über Ungarn gesprochen.

Wenn man im österreichischen Reichsrathe selber den Ungarn zu ihrem „Rechte" verhelfen wollte: welche weitere Berechtigung hatte dann die Reichs-Verfassung selber?

Seitdem hat man den Namen Schmerlings in den Journalen

der Linken verunglimpft, und man thut dies noch heute, was ein offenbares Symptom des schlechten Gewissens ist, das sich noch immer weigert, einzugestehen, daß es im Unrecht gewesen.

Die Sistirung der österreichischen Verfassung war ein großes Unglück an und für sich.

Die zeitliche Dauer einer Institution wird ebenfalls als ein Criterium für ihre Güte angesehen. Die Magyaren haben mit ihrer vorgeblich „tausendjährigen" Constitution bei dem europäischen Vorurtheil gute Geschäfte gemacht, obgleich sie eigentlich nur die Bestimmungen von 1848 für maßgebend halten. Wie kläglich nimmt sich dagegen die nur vierjährige Wirksamkeit der Februarverfassung aus!

Die Continuität einer selbst minder guten Verfassung wirkt wohlthätig in der Gewöhnung des Volkes an die Verfassungsmäßigkeit. Die Sistirung hat aus Oesterreich einen Brei gemacht, mit welchem wenig anzufangen ist; wo man ihn anfaßt, gibt er nach.

Doch ist nicht zu vergessen, daß die Februarverfassung nur sistirt, nicht aufgehoben ist.

Es ist bekannt, der ungarische Landtag soll seine Stellung zur Februarverfassung präcisiren; er soll die Angelegenheiten nennen, die er für gemeinsame mit dem Reiche hält; dann sollen die „legalen" Vertreter der übrigen Reichstheile ihre „gleichgewichtigen" Vota über diesen Gegenstand abgeben; und dann — — nun, dann wird ja wahrscheinlich das goldene Zeitalter für Oesterreich anbrechen.

Es ist zwar eigenthümlich, daß ein Theil des Reiches über eine dem ganzen Reiche verliehene Verfassung nachträglich seine Meinung abgeben soll; aber da hilft nun kein Weinen, es ist einmal so; das Eigenthümliche ist eben das Verhängniß von Oesterreich.

Bis zum goldenen Zeitalter scheint man auch noch einen weiten Weg zu haben; denn die Verhandlungen des ungarischen Landtags haben, wie männiglich bekannt, vollkommen andere Ziele, als die Angabe der mit dem Reiche gemeinsamen Angelegenheiten Ungarns.

Man hat den Reichsrath eine Fiction genannt, weil die Ungarn nicht in demselben erschienen. Das war ihre eigene Schuld; sie sind zu wiederholten Malen eingeladen worden. Weit eher ist es eine Fiction zu nennen, daß die Ungarn nur mit ihrem Könige unterhandeln wollen, mit jenem Könige, der vor 19 Jahren mit dem Kaiser von Oesterreich in Krieg gerathen ist.

Die altconservativen magyarischen Staatsmänner vermaßen sich, in Ungarn Ordnung zu machen, wie die „Grafen" im übrigen Oesterreich. Darüber kam es zur Sistirung der Februarverfassung. Wie gewöhnlich, entschlüpfte das Heft nur allzubald den Händen der Altconservativen; dasselbe kam, wie gewöhnlich, an die Männer der Partei Deák, welche nun, wie gewöhnlich, mit den Männern der Beschlußpartei complaniren.

Aber ist vielleicht die Februarverfassung so dürftig, daß die Ungarn darum Bedenken tragen, sie anzunehmen?

Wenn die Februarverfassung die schlechteste aller Verfassungen wäre, so ist doch nie zu vergessen, daß das „Grundgesetz über die Reichsvertretung" einen §. 14 enthält, dessen zweiter Absatz folgendermaßen lautet:

„Anträge auf Aenderungen in diesem Grundgesetze erfordern in beiden Häusern eine Mehrheit von wenigstens zwei Dritteln der Stimmen."

Man kann also **Aenderungen** an der Verfassung machen; man kann z. B. den §. 13 des Grundgesetzes abändern oder abolieren; man kann die Ministerverantwortlichkeit beschließen; man kann die Freiheit des Unterrichts zum Gesetze machen; man kann den engeren Reichsrath aufheben; man kann die vielen Landtage abrogiren, die jährlich so viele Hundert und Hunderttausende kosten, und die so viele Gesetze produciren, von denen so wenige sanctionirt werden; auf daß wir haben Einen Gott, Einen Kaiser und Ein Parlament! Das Alles kann man thun.

Aber es ist eben nicht die **Qualität** der Februarverfassung, welche sie den Ungarn verleidet, sondern daß sie eine **österreichische Reichsverfassung** ist, das ist der Grund, aus dem sie von den Ungarn unannehmbar gefunden wird.

Die Absicht der möglichsten Abschließung Ungarns vom Reiche, der Aufbau eines eigenen ungarischen Reiches auf Grundlage der Unionen Ungarns, Croatiens und Slavoniens und Siebenbürgens, das ist der Grund, warum die Ungarn von der Reichsverfassung nichts wissen wollen.

Die Autonomisten und Ungarn.

Als die Früchte der Sistirung unserer österreichischen Verfassung sich zu zeigen anfingen; als Souveränetätsgelüste schier in jedem Natiönchen zu Tage traten und besonders, als die Betäubung nach dem schweren Tage von Königgrätz in etwas nachgelassen hatte: so rief man nach Rettung. Mit einem gewissen fatalistischen Eigensinn stürzte man sich in den Gedanken: diese Rettung sei der Ausgleich mit Ungarn. Und so mächtig war das Geräusch, das darüber entstand, daß auch sonst centralistische Blätter eine Wendung machten und die alleinseligmachende Lehre von dem Ausgleiche mit Ungarn zu verkünden anfingen.

Nicht wenig hatten dazu die Autonomisten mit ihrem Programm von Aussee beigetragen, in welchem zwar noch die parlamentarische Behandlung der gemeinsamen Angelegenheiten beibehalten worden war, welche aber in richtiger Sympathie mit dem Gedankengange der Ungarn seitdem ebenfalls über Bord geworfen worden ist. Denn Csiki hat ja im ungarischen Landtage deutlich erklärt, daß es keine „gemeinsame Angelegenheiten" gebe, als höchstens die „Donauregulirung" und die — „Viehseuche." —

Uebrigens war der „Dualismus in der Vertretung" von dem Augenblicke an vorhanden, als im österreichischen Reichsrathe anstatt der Rechte des Reiches die Rechte Ungarns discutirt wurden; er gewann an Consistenz, als der ungarische Landtag einberufen wurde, um seine Stellung zur österreichischen Verfassung zu präcisiren; er wird vollendet sein, sobald die legalen Vertreter der „anderen Hälfte des Reichs" ihr gleichgewichtiges Votum in dieser Angelegenheit abzugeben in der Lage sein werden.

Seit einiger Zeit äußern sich die Wünsche wegen Zusammenberufung des Reichsrathes wieder lebhafter. Man vermeidet es aber, zu sagen, welcher Reichsrath gemeint sei, ob der weitere oder der engere? Soll der engere Reichsrath über die weitaus wichtigste Angelegenheit des Reiches Beschluß fassen? Und doch scheint es so. Man wird, wenn man den österreichischen Reichsrath einberuft, höchst wahrscheinlich nur den engeren zusammentreten lassen.

Wenn dies geschieht, dann ist, wie gesagt, der „Dualismus in der Vertretung" vollendet; dann ist die **Sistirung** der Verfassung nur mehr eine Phrase; dann ist die **Reichsverfassung aufgehoben.**

Es ist schwer, die Ursachen aufzufinden, aus denen die Autonomisten sich für die „Rechte" Ungarns interessiren. Man konnte annehmen, es sei Gerechtigkeitsliebe; aber „salus reipublicae suprema lex esto!" — Seit einigen Tagen aber braucht man sich den Kopf über die Motive der Autonomisten nicht mehr zu zerbrechen. Die Rede des Dr. Moritz v. Kaiserfeld gibt darüber vollständigen Aufschluß. Er sagte in der Sitzung des steirischen Landtags vom 10. Dezember: „Oesterreich ist ein deutsches Interesse. In diesem Oesterreich gebührt aber den Deutschen die erste Rolle, die Führerschaft, vermöge der Sprache. Hierin liegt nichts, was andere Nationalitäten mit Furcht oder Mißtrauen erfüllen könnte. — Auch der Deutsch-Oesterreicher will Oesterreich. **Nur wenn die Deutschen in Oesterreich den Frieden oder den Fortschritt nicht finden, würde man dem Zerfalle desselben ruhig zusehen.**"

Es ist recht schön, daß auch die Autonomisten Oesterreich wollen; aber wie soll Oesterreich bestehen, wenn man die Loslösung nahezu der Hälfte desselben begünstigt? Oder ist die Erwägung maßgebend, daß sich die Provinzen am linken Ufer der Leitha leichter zu Deutschland schlagen lassen, wenn die am rechten Ufer secediren?! —

Da klingt es doch tröstlicher, was Professor **Herbst** in der Adreßdebatte des böhmischen Landtags, in der Sitzung desselben vom 7. Dezember gesagt hat: „Wir werden ferner für die Minoritäts-Adresse stimmen, **weil wir in der That deutsche Oesterreicher sind, und weil wir nicht Unterthanen eines preußisch-deutschen Staates werden wollen.**" —

In der That, die Deutschen in Oesterreich sollen ausharren bei Oesterreich trotz aller Anfechtungen der letzten Zeit, denn, wie v. Kaiserfeld mit Recht sagt: „**Oesterreich ist ein deutsches Interesse!**" —

Aber auch die Regierung von Oesterreich ermanne sich und suche ihre Stütze dort, wo sie allein zu finden ist.

Mit größerem Rechte, als dies die Linke im vorigen Jahre Schmerling gegenüber that — unter welchem wenigstens ein Verczechisirungs-Gesetz für deutsche Kinder in Böhmen und ein Glaubenseinheitsgesetz für Tirol nicht durchgegangen wäre — mit größerem

Rechte kann man die dermalige Regierung „zur Umkehr", zur totalen Umkehr auffordern.

Sieht man denn noch immer nicht ein, wie mit Ungarn auf dem betretenen Wege so gar Nichts anzufangen ist?

Die Linke im ungarischen Landtage will gar Nichts thun, bis nicht die Rechtscontinuität hergestellt ist.

Die Deák-Partei will arbeiten. Sie will das Elaborat des Fünfzehner Subcomité's, in welchem die österreichische Regierung „Anknüpfungspuncte" wahrzunehmen vermag, an den Siebenundsechsziger Ausschuß weisen, und dafür sorgen, daß dasselbe auch dort angenommen werde. Damit soll aber die Action des ungarischen Landtags, wenn bis dahin die Rechtscontinuität nicht bewilligt ist, auch nach dem Willen der Deák-Partei ein Ende haben.

Eine **meritorische** Verhandlung über die **gemeinsamen Angelegenheiten**, oder gar ein Beschluß über dieselben im Schoße des ungarischen Landtags liegt also weder im Sinne der Tiger, noch der Deákisten, bevor nicht alle Wünsche Ungarns erfüllt sind, d. h. **bevor nicht überhaupt die gemeinsamen Angelegenheiten hinfällig geworden sind!!**

Worin liegt also der Unterschied zwischen den Tigern und den Deákianern?

Ist es nicht eine Comödie, die vor dem Reiche gespielt wird in so blutig ernster Zeit? —

Von Ungarn hat Oesterreich dermalen Nichts zu erwarten.

Eine totale Umkehr ist geboten.

Man muß von dem Patente des 20. September 1865 zur reinen, unverkümmerten Februarverfassung zurückkehren!

Man muß der Rechtscontinuität der Ungarn die Rechtscontinuität des **Reiches** gegenüberstellen. So viel sollte man doch schon von den Ungarn gelernt haben.

Man muß — nicht den engeren — man muß den **weiteren Reichsrath** einberufen und in denselben abermals die Vertreter des österreichischen Volkes einladen. — —

Man wird dagegen vielleicht einwenden, es würden abermals nicht alle Eingeladenen erscheinen.

Das macht Nichts. Die Befestigung einer Verfassung kann

nicht das Werk weniger Jahre sein. Man muß Geduld und Ausdauer haben.

Diejenigen Gebiete, aus welchen keine Vertreter erscheinen, sind eben im Reichsrathe nicht vertreten. Absens caret voto. Das ist so einfach, daß es Wunder nehmen könnte, wie sich die falsche Doctrin von der „F i c t i o n" habe breit machen können.

In den ungarischen Ländern gab es Gesetze, nach welchen das Nichterscheinen der Deputirten in den Vertretungen mit Geldstrafen belegt wurde, und bewilligte Dispense von dem Erscheinen in den Landtagen wurden hie und da als Privilegien angesehen.

Das ist antiquirt. Die Reichsverfassung enthält nicht allein Rechte und Pflichten; die Reichsverfassung ist an sich eine Wohlthat; und nach modernen Begriffen kann man zu seinem Wohle Niemand zwingen.

Es versteht sich aber von selbst, daß diejenigen Gebiete, welche sich durch Nichtbeschickung des österreichischen Reichsrathes außerhalb der Verfassung stellen, wenigstens nicht ohne Verwaltung bleiben können, eine Verwaltung, die möglicher Weise ohne constitutionelle Voraussetzungen eingerichtet werden könnte. Die Bewohner jener Gebiete, die den österreichischen Reichsrath nicht beschicken würden, könnten mit Recht als Dissidenten betrachtet werden, denen gegenüber das Reich sich nichts Guten zu versehen hätte, denen gegenüber das „Bedürfniß einer strengeren Concentrirung der Regierungsgewalt" offenbar eintreten würde.

Wenn nun die Freiheit eben nur die Freiheit ist, wenn es keine specifisch magyarische, oder deutsche, oder czechische, oder polnische u. s. w., sondern eben nur eine menschliche Freiheit gibt; wenn in den den österreichischen Reichsrath nicht beschickenden Gebieten ein absolutistisches Provisorium herrscht, in den den österreichischen Reichsrath beschickenden Gebieten aber die constitutionelle und parlamentarische Entwicklung ihre Triumphe feiert, dann müßte denn doch endlich der Moment erscheinen, wo sich auch die Magyaren bequemen werden, den österreichischen Reichsrath zu frequentiren, wenn nicht etwa alle Magyaren dem Grafen Carl Zay gleichen, der bekanntlich nicht einmal in den Himmel kommen will, wenn dort nicht eine separate Abtheilung für die Magyaren vorbehalten ist.

Und noch bevor dies geschieht, kann durch die gesetzlich eingeleitete Praxis des zweiten Absatzes des §. 7 des Grundgesetzes über die Reichsvertretung Bresche in die Passivität der Maggyaren geschossen werden.

Dieser zweite Absatz des §. 7 des Grundgesetzes über die Reichsvertretung lautet bekanntlich folgendermaßen: „Der Kaiser behält sich vor, den Vollzug der Wahl unmittelbar durch die Gebiete, Städte, Körperschaften anzuordnen, wenn ausnahmsweise Verhältnisse eintreten, welche die Beschickung des Hauses der Abgeordneten durch einen Landtag nicht zum Vollzuge kommen lassen".

Die Herren aus Czechien, Slovenien und Polonien werden es sich zweimal überlegen, den österreichischen Reichsrath n i c h t zu beschicken.

Es könnte noch der Einwand erhoben werden, daß man namentlich in Ungarn für das etwa nöthig werdende absolutistische Provisorium nicht die nöthigen Executiv-Organe vorfinden werde. Und in der That, das Bedenken ist nicht ohne Grund. Es hat zwar, wie in allen Provinzen des Reiches, so auch in Ungarn nie an Männern gefehlt, die den österreichischen Grundgedanken getreulich durchzuführen bereit waren; aber man hat dieselben namentlich in Ungarn nur allzuoft ihren Feinden als gute Beute hingeworfen. Seitdem hat der stimmbegabte Abgeordnete B e s z e im ungarischen Landtage dröhnend geltend gemacht, daß Leuten, die sich noch einmal in einem Provisorium von der Regierung gebrauchen lassen würden, bei der Wiederkehr „gesetzlicher" Zustände d e r K o p f v o r d i e F ü ß e z u l e g e n s e i! — Eine gewiß ausgiebige Gebrauchnahme von der Immunität eines Abgeordneten. — Allein, wenn man erst wieder einen österreichischen Grundgedanken haben wird und wenn man sieht, daß die Regierung Ernst macht, dann wird es auch in Ungarn nicht an Vollstreckern der executiven Gewalt fehlen. Nur freilich muß man keinen galanten Grafen Forgach und keinen toastirenden Grafen Zichy zum ungarischen Hofcanzler machen, sondern einen festen Oesterreicher.

Die Hauptsache ist die restitutio in integrum in Oesterreich; die ganze unverkümmerte Februarverfassung. Ein bloß e n g e r e r Reichsrath würde ohne Octroyirungen nicht ablaufen. Und es ist Zeit, daß das Volk an die Unwandelbarkeit der österreichischen Regierung in Verfassungsangelegenheiten glauben lerne!

Siebenbürgen.

Dieses Land ist durch die Sistirung am empfindlichsten berührt worden.

Siebenbürgen wird von drei Nationalitäten bewohnt: von Ungarn (Szeklern), Sachsen und Romanen.

Die Romanen bilden nach der Kopfzahl die unbestrittene Majorität der siebenbürgischen Bevölkerung; diese Majorität im Verein mit den Sachsen ist überwältigend gegenüber den Magyaren und Szeklern, welche darum in der Besorgniß, von den Romanen absorbirt zu werden, für die Union Siebenbürgens mit Ungarn sind, während Sachsen und Romanen nach Oesterreich gravitiren, wofür sie die eclatantesten Beweise geliefert haben.

Der Landtag für Siebenbürgen wurde erst am 15. Juli 1863 in Hermannstadt eröffnet.

Schon am 30. September 1863 beschloß dieser Landtag, die Staatsgrundgesetze, das Octoberdiplom und das Februarpatent den heimischen Gesetzen einzuverleiben und wählte ad hoc seine Vertreter in den österreichischen Reichsrath; dieselben haben an der zweiten Session desselben, noch im Jahre 1863, theilgenommen.

Am 26. October erfolgte die allerhöchste Sanctionirung des siebenbürgischen Gesetzartikels über die Inarticulirung der österreichischen Staatsgrundsätze.

Dieselbe lautet:

„Wir Franz Joseph der Erste, von Gottes Gnaden Kaiser von Oesterreich, Apostolischer König von Ungarn und Böhmen, von Dalmatien, Croatien, Slavonien, Galizien, Lodomerien, König der Lombardei, Venedigs und Illyriens, König von Jerusalem u. s. w.; Erzherzog von Oesterreich, Großherzog von Toscana und Krakau; Herzog von Lothringen, von Salzburg, Steyer Kärnthen, Krain und der Bukowina; Großfürst von Siebenbürgen; Markgraf von Mähren; Herzog von Ober- und Nieder-Schlesien, von Modena, Parma, Piacenza und Guastalla, von Auschwitz und Zator, von Teschen, Friaul, Ragusa und Zara; gefürsteter Graf von Habsburg und Tirol, von Kyburg, Görz und Gradisca; Graf der Szekler;

Fürst von Trient und Brixen; Markgraf von Ober- und Nieder-Lausitz und Istrien; Graf von Hohenembs, Feldkirch, Bregenz, Sonnenberg u. s. w.; Herr von Triest, von Cattaro und auf der windischen Mark; Großwojwod der Wojwodschaft Serbien u. s. w. geben kund und zu wissen:

Die durch Unser königliches Rescript vom 21. April 1863 auf den 1. Juli desselben Jahres in Unsere königliche freie Stadt Hermannstadt einberufenen und daselbst auf dem Landtage versammelten Vertreter Unseres geliebten Großfürstenthums Siebenbürgen haben Uns, im verfassungsmäßigen Wege, einen Gesetzartikel über die Aufnahme Unseres kaiserlichen Diplomes vom 20. October 1860 und des gleichfalls in Form eines kaiserlichen Diplomes ausgefertigten Grundgesetzes über die Vertretung des Reiches vom 26. Februar 1861 in die Landesgesetze des Großfürstenthums Siebenbürgen mit der in ihrer Repräsentation vom 1. October 1863 niedergelegten, allerunterthänigsten Bitte unterbreitet, diesem Artikel Unsere allergnädigste Genehmigung Bestätigung und Sanction zu ertheilen.

Der Inhalt dieses Gesetz-Artikels ist folgender:

Gesetz-Artikel

über die Aufnahme der beiden kaiserlichen Diplome vom 20. October 1860 und vom 26. Februar 1861 in die Landesgesetze des Großfürstenthums Siebenbürgen.

Nachdem Se. geheiligte, kaiserliche königliche Apostolische Majestät, mit dem allergnädigsten königlichen Rescripte vom 15. Juni 1863, das in allen drei landesüblichen Sprachen ausgefertigte kaiserliche Diplom vom 20. October 1860 und das gleichfalls als kaiserliches Diplom ausgefertigte Grundgesetz über die Vertretung des Reiches vom 26. Februar 1861 dem Landtage mitgetheilt und denselben aufgefordert haben, diese beiden Urkunden im authentischen Texte und in den drei Landessprachen in die Landesgesetze einzutragen;

nachdem demzufolge die auf dem Landtage versammelten Vertreter des Großfürstenthums Siebenbürgen, in dankbarer Anerkennung der wohlwollenden, auf die Feststellung einer constitutionellen Staatsordnung gerichteten, allergnädigsten Absichten Sr. geheiligten Majestät, welche sowohl in der Wiederherstellung der siebenbürgischen Verfassung als auch in der allen Völkern und Ländern der österreichischen Gesammtmonarchie verliehenen Reichsverfassung sich kund geben, in ihrer alleruntertänigsten Adresse vom 21. August dieses Jahres die Bereitwilligkeit ausgesprochen haben, der von Sr. Majestät ergangenen Aufforderung, die beiden Diplome in die Landesgesetze einzutragen, in der Weise nachzukommen, daß hierüber ein besonderer Gesetzartikel von dem Landtage verfaßt und Sr. kaiserlichen königlichen Apostolischen Majestät zur allergnädigsten Sanction unterbreitet werde;

nachdem endlich Se. geheiligte Majestät, laut des allergnädigsten Rescripts vom 5. September 1863, mit aufrichtigem Wohlgefallen in dieser Bereitwilligkeit einen erneuerten Beweis der unverbrüchlichen Treue und Anhänglichkeit an das glorreiche, allerdurchlauchtigste Herrscherhaus, so wie an die Tradition jener Vergangenheit zu erblicken geruhten, in welcher die Vorfahren den vollen Werth des durch die pragmatische Sanction hergestellten, unauflöslichen Verbandes Siebenbürgens mit den übrigen Königreichen und Ländern der Gesammtmonarchie dankbar anerkannt und offen eingestanden haben:

wird einhellig mit freudiger Zustimmung fest und unwiderruflich beschlossen, die mehrerwähnten beiden kaiserlichen Diplome vom 20. October 1860 und vom 26. Februar 1861 in die Landesgesetze des Großfürstenthums Siebenbürgen aufzunehmen und Wort für Wort einzutragen, wie folgt:"

(Folgt nun der verbale Text der beiden Diplome vom 20. October 1860 und vom 26. Februar 1861, sowie des Grundgesetzes über die Reichsvertretung.)

„Indem wir diese alleruntertänigste Bitte Unserer getreuen, auf dem Landtage versammelten Vertreter Unseres geliebten Großfürstenthums Siebenbürgen wohlgefällig aufgenommen haben, ertheilen Wir dem voranstehenden Gesetzartikel in seiner ganzen Ausdehnung Unsere kaiserliche, königliche und landesfürstliche Genehmigung, Bestätigung und Sanction, und geben den erwähnten getreuen Vertretern des Landes die Versicherung, daß sowohl Wir Selbst diesen in das Gesetzbuch des Großfürstenthums Siebenbürgen hiemit eingetragenen Artikel beobachten, als auch durch alle Unsere Getreuen befolgen lassen werden, gleichwie Wir denselben kraft Unserer gegenwärtigen Urkunde annehmen, gutheißen, billigen und bekräftigen.

Gegeben in Unserem Lustschlosse Schönbrunn, am 26. October

im eintausend achthundert drei und sechszigsten, Unserer Regierung im fünfzehnten Jahre.

Franz Joseph.
F. G. Rátasty.
Eugen F. von Friedenfels."

* * *

Nachdem also die Sanctionirung des Gesetzartikels über die Inarticulirung der österreichischen Grundgesetze herabgelangt war, wählte der siebenbürgische Landtag seine Vertreter in den österreichischen Reichsrath d e f i n i t i v, und dieselben haben in demselben gewirkt bis zum Schlusse desselben. Dabei ist wohl zu bemerken, daß wenn nun die Einberufung des w e i t e r e n Reichsrathes beliebt werden sollte, die Vertreter Siebenbürgens s o f o r t eintreten könnten, d a i h r M a n d a t n o c h a u f z w e i S e s s i o n e n a u s r e i c h t.

Und dieser siebenbürgische Landtag, auf welchem sich das seltene Schauspiel zeigte, daß sich zwei so verschiedene Nationen, wie die Sachsen und Romanen, in dem Beschlusse vereinigten, die österreichische Reichsverfassung anzunehmen, an welchem Beschlusse sich auch mehrere magyarische Vertreter betheiligten, — dieser Landtag von 1863 64 wurde mittelst einfacher Zuschriften seines Präsidenten an die einzelnen Mitglieder desselben a u f g e l ö s t und an seiner Statt mit dem k. Rescripte vom 1. September 1865 ein anderer Landtag nach Klausenburg für den 19. November 1865 ausgeschrieben, welchem als ausschließlicher und alleiniger Gegenstand der Berathung die R e v i s i o n des I. Gesetzartikels vom Jahre 1848 über die Vereinigung Ungarns und Siebenbürgens bezüglich der beiden Ländern gemeinsamen Interessen vorzulegen war.

Und so wurde denn den Siebenbürgern, welche kurz bevor die Union mit dem R e i c h e eingegangen waren, sofort wieder die Union mit U n g a r n vorgeschlagen.

Es folgte das k. Manifest und Patent vom 20. September 1865, womit die Reichsverfassung sistirt ward.

Es folgte der Klausenburger Landtag, und um auf demselben der in der Minorität befindlichen N a t i o n a l i t ä t der Magyaren und Szekler zur Majorität zu verhelfen, ward ein anderer Census und eine Combination von Octroyirungen mit einem antediluvianischen Wahlgesetze von Anno 1791 beliebt.

Der Klausenburger Landtag hat auch die in den Intentionen Sr. Majestät des Kaisers gelegene Revision des Unionsgesetzes nicht vorgenommen; sondern er hat erklärt, daß weder ein besonderer siebenbürgischer, noch ein besonderer ungarischer Landtag sich in eine Modification des die Union Siebenbürgens mit Ungarn betreffenden Gesetz-Artikels einlassen könne.

Trotzdem erfolgte das k. Rescript vom 25. Dezember 1865, durch welches gestattet wurde, daß der ungarische Landtag in Pest — diesmal nach der Art und Wahlordnung vom Jahre 1848 — auch durch die Kronberufenen und Abgeordneten der Jurisdictionen des Großfürstenthums Siebenbürgen beschickt werde.

Und dieser selbe ungarische Landtag in Pest ist per tot discrimina rerum dermalen bei seiner dritten Adresse glücklich angelangt. —

— Und wie haben sich die Nationalitäten der Sachsen und Romanen diesen mehr als rapiden Wandlungen gegenüber verhalten?

Nun, sie haben ihre Vertreter sowohl nach Klausenburg geschickt, als auch von der Gestattung Gebrauch gemacht, sie nach Pest zu schicken.

Als Erklärung — um nicht zu sagen Entschuldigung — dieses Verhaltens kann allerdings Einiges angeführt werden.

Sachsen und Romanen besitzen ein tiefes dynastisches Gefühl. Ein klar zu Tage getretener Wille Seiner Majestät des Kaisers wird unter ihnen, wenn selbst mit schwerem Herzen, seine Vollstrecker finden.

Die Sachsen haben gegen die Ergebnisse des Klausenburger Landtags eine Sondermeinung, die Romanen ein Minoritätsvotum abgegeben.

Die Sachsen insbesondere haben aus ihrer Nations-Universität zwei Repräsentationen an den Thron entsendet, die eine vom 6. November 1865, die andere vom 3. März 1866, in welchen sie offen ihre Bedenken gegen den eingeschlagenen Weg ausgesprochen haben. Diese Repräsentationen wurden, nach einem Erlasse der h. k. siebenbürgischen Hofcanzlei vom 21. April 1866 „mißfällig" aufgenommen, als jeder Rechtskraft entbehrend für ungiltig erklärt und zurückgewiesen.

Im Pester Landtage verschwinden Sachsen wie Romanen. Die Magyaren wissen sich eben die Nationalitätspolitik vom Leibe zu halten,

wie dies deutlich wieder die letzte Rede Deáks gegen den Serben Mile=
tics bewiesen hat.

Daß dies aber eigentlich die dem Reiche gebührende und zu=
sagende Politik wäre, darauf aufmerksam zu machen, war ein Zweck
dieses Schriftchens.

Staat oder Nationalität?

Da der Staat die Zwecke des Rechts, der Wohlfahrt und der
Bildung der in ihm versammelten Menschen verfolgt;

da die Nationalität kein Zweck des Staates ist;

da die Nationalität nur dort, wo sie mit dem Volke identisch ist,
die Concentrirung der Kräfte der im Staate versammelten Menschen zu
Gunsten der Erreichung seiner Zwecke unterstützen hilft, — wo aber
mehrere, zumal mit einander hadernde Nationalitäten vorhanden sind,
die Lebenskraft des Staates durch den allgemeinen Hader untergraben
wird;

so ist der Staat wichtiger als die Nationalität
und die Nationalitäten sind unter allen Umständen den Zwecken des
Staates dienstbar zu machen.

Dies ist ganz besonders im Staate Oesterreich vonnöthen.

Wenn aber Jemand gewillt sein sollte, diesem Schriftchen, das
sich zu Gunsten des Staates gegen die Nationalitäten ausspricht, den
Vorwurf zu machen, daß es sich ja selbst für eine Nationalität,
nämlich für die deutsche und für die Germanisirung erkläre;
so diene darauf als Antwort, daß doch irgend eine Nation als poli=
tische Nation und irgend eine Sprache als Staatssprache
vorgeschlagen werden mußte, und daß es nur eine politische Maß=
regel ist, die empfohlen wird, wenn man der deutschen Nation
und der deutschen Sprache das Wort redet. Entspräche eine
andere Nation, eine andere Sprache den Zwecken des Staates
Oesterreich besser, so würde diese vorgeschlagen worden sein.

Es würde aber die Annahme dieses Vorschlages nicht nur dem
Staate Oesterreich, sondern auch dem Volke in Oesterreich zu gute
kommen. Denn wenn die Bestrebungen der offenen Feinde Oesterreichs
und seiner falschen Freunde, diesen Staat durch die Ausbeutung des

Princips der Nationalität dem Zerfalle zuzuführen, gelingen sollten, so würden die Nationalitäten auf dem rechten Ufer der Leitha auf das Niveau jener Volksbruchtheile herabsinken, welche Arnold Ruge drastisch, aber richtig mit dem Epitheton: „unteres Donau-Völker-Gesindel" schmückt.

Die Czechen auf dem linken Ufer der Leitha sind allerdings in der günstigeren Lage, daß sie so wie so germanisirt werden müssen.

Nachschrift des Verlegers.

Bei aller Gerechtigkeit und Achtung für jede Nationalität, gehört es dennoch zur Aufgabe der Menschheit, die Völker dieser Erde immer vorwärts zu treiben. Dazu gehört unstreitig der unerbittlich eiserne Kampf, den verschiedenen Sprachen kleiner Völker, welche absolut keine Zukunft haben, nicht lebensfähig sind und keine Selbstständigkeit erringen können, keinen Zwang anzuthun, aber die Ueberzeugung beizubringen, daß sie sich den größern, lebensfähigern Nationen, anschließen müssen! Das heißt, ohne Schminke sei's gesagt, in diesen aufgehen! —

Es naht die Zeit, wo das Recht, die Sitten und die Bildung Gottes Ebenbilder auf jene Stufe heben wird, welche ihnen nicht nur gebührt, sondern welches die Aufgabe unsers Daseins ist.

Was hätte auch das Leben für einen Werth, wenn wir nicht den Beruf in uns fühlten, die Menschenrechte zur Geltung zu bringen und damit d a s Ziel zu erreichen, ohne dem keine Befriedigung, keine Glückseligkeit, keine Freiheit u. s. w. denkbar ist.

So verschieden die Ansichten der Menschen sind, — damit wird jeder Verständige übereinstimmen, daß der österreichische Staat einer der glücklichsten der Erde sein würde, wenn e i n e

Sprache die herrschende wäre. Und diese Sprache kann nur die Deutsche sein! — Mögen die verschiedenen Völker des österreichischen Staates in ebensoviel verschiedenen Zungen reden, der Staat muß ein deutscher sein! Hört er auf, das zu sein, dann — erst dann, wird er seinem Untergange mit Riesenschritten entgegen gehen.

Nur die deutsche Sprache, das heißt: deutsche Cultur und deutsche Literatur, haben eine solche Bedeutung, eine so unwiderstehliche Macht, daß nur diese zum Siege und endlich zur Freiheit führen. Die Zukunft heißt: Deutschland! Kein Land der Erde hat diese Zukunft und kein Eroberer, er heiße wie er wolle, wird dieses Volk hindern, das zu werden, wozu die Gottheit es berufen hat.

Leipzig, 18. Januar 1867.

Otto Wigand.

Druck von Otto Wigand in Leipzig.